오즈의 마법사

세계교양전집 42

오즈의 마법사

라이먼 프랭크 바움 지음

김진형 옮김

올리버

라이먼 프랭크 바움 Lyman Frank Baum

· 차례 ·

소개 7

이 책은 나의 좋은 친구이자 동지에게 바칩니다.

부인

L.F.B

소개

전래동화, 전설, 신화와 동화는 시대를 초월하여 어린 시절에 함께 해왔습니다. 건강한 젊은이는 환상적이고 놀랍고 명백히 비현실적인 이야기에 대해 건전하고 본능적인 호기심을 가지고 있습니다. 그림과 안데르센의 날개 달린 요정들은 다른 모든 인간 창조물보다 어린 마음에 더 많은 행복을 가져다주었습니다. 그러나 여러 세대에 걸쳐 사용된 옛날 동화는 이제 아이들 도서관에서 "역사적"으로 분류될 수 있습니다. 새로운 "경이의 이야기" 시리즈의 시간이 왔기 때문입니다. 이 이야기는 고정관념의 정령, 난장이, 요정과 그들의 작가들이 각 이야기의 무서운 도덕을 강조하기 위해 고안한 모든 끔찍하고 소름 끼치는 사건들이 삭제되었습니다. 현대 교육은 도덕을 포함합니다. 따라서 현대 어린이는 경이로운 이야기에서 오직 오락만을 찾고 모든 불쾌한 사건을 기꺼이 생략합니다.

오늘날의 아이들을 기쁘게 해주기 위해 "오즈의 마법사" 이야기를 쓰게 되었습니다. 이 이야기는 현대화된 동화를 추구하며, 경이로움과 기쁨을 주고 마음의 아픔과 악몽은 떨쳐버릴 수 있도록 하였습니다.

라이먼 프랭크 바움
시카고, 1900년 4월.

제1장

회오리바람

도로시는 캔자스 주의 대초원 한가운데 농부인 헨리 아저씨
와 그의 아내인 엠 아줌마와 함께 살고 있었습니다. 그들의 집은
작았습니다. 집을 짓기 위한 필요한 목재를 먼 곳으로부터 마차로
운반해 와야 했기 때문입니다. 하나의 방에 네 개의 벽과 바닥,
지붕이 있고, 방에는 녹슨 조리기구, 그릇을 위한 찬장, 테이블,
3~4개의 의자, 그리고 침대가 있었습니다. 헨리 아저씨와 엠 아
줌마는 한쪽 구석에 있는 큰 침대를 사용하였고, 도로시는 다른
구석에 있는 작은 침대를 사용하였습니다. 다락방도 없었고, 지
하실도 없었습니다. 대신 작은 구멍 하나가 땅에 파여 있었는데,
이를 '회오리바람 대피소'라고 하며, 가족이 큰 회오리바람이 일
때 그곳에 들어갈 수 있었습니다. 바닥 중간에 있는 비밀문을 통
해 접근할 수 있었으며, 이 비밀문을 열고 작은 어두운 구멍으로

사다리를 타고 내려갈 수 있었습니다.

도로시가 문에 서서 주위를 둘러보았을 때, 그녀는 사방에 있는 거대한 회색 초원 외에는 아무것도 볼 수 없었습니다. 하늘의 가장자리에 이르는 넓은 평야를 가로막는 나무나 집은 없었습니다. 경작된 땅은 태양빛을 받아 회색 덩어리로 굳게 되었고, 그 안에는 작은 균열이 생겼습니다. 풀조차 초록색이 아니었으며, 태양빛을 받은 긴 잔디는 어디서나 볼 수 있는 회색으로 변해버렸습니다. 한때 이 작은 집은 칠이 되어 있었지만, 태양빛에 익어 이 칠은 벗겨지고 비가 와서 그것을 씻어내어 이제 이 작은 집은 주위의 다른 모든 것처럼 무미건조하고 회색이 되어버렸습니다.

엠 아줌마가 이곳으로 살러 왔을 때, 그녀는 젊고 아름다운 아내였습니다. 태양과 바람이 그녀를 변화시켰습니다. 태양과 바람은 그녀의 반짝이는 눈을 빼앗아 심각한 회색으로 만들었으며, 그녀의 붉은 뺨과 입술 또한 회색으로 만들어 버렸습니다. 그녀는 말라 보였고, 이제는 결코 웃지도 않습니다. 고아였던 도로시가 처음 그녀를 찾아왔을 때, 엠 아줌마는 아이의 웃음소리에 너무 놀라서 도로시의 즐거운 목소리가 그녀의 귀에 닿을 때마다 비명을 지르며 가슴에 손을 얹곤 했습니다. 그리고 그녀는 작은 소녀가 웃을 거리를 찾을 수 있다는 것에 여전히 놀라워했습니다.

헨리 아저씨는 결코 웃지 않았습니다. 그는 아침부터 밤까지 열심히 일했으며 기쁨이 무엇인지 몰랐습니다. 그의 긴 수염에서 거친 부츠까지 온통 회색이었고, 그는 엄하고 진지하게 보였으며, 아주 가끔 말을 했습니다.

도로시가 다른 환경처럼 회색으로 변하는 것을 막아주고, 웃을 수 있게 해 준 것은 토토가 있었기 때문입니다. 토토는 길고 부드러운 털과 양쪽에서 즐겁게 반짝이는 작은 검은 눈을 가진 작고 검은 개였습니다. 도로시는 토토와 함께 하루 종일 놀았으며, 토토를 매우 사랑했습니다.

오늘은 그들이 놀고 있지 않았습니다. 헨리 아저씨는 문간에 앉아 하늘을 걱정스럽게 바라보았고, 하늘은 평소보다 더 회색이었습니다. 도로시도 문에 서서 토토를 안고 하늘을 바라보았습니다. 엠 아줌마는 설거지를 하고 있었습니다.

북쪽에서는 낮게 바람이 애처롭게 부는 소리가 들렸고, 헨리 아저씨와 도로시는 다가오는 폭풍에 앞서 긴 풀들이 물결처럼 이리저리 휘어지는 것을 볼 수 있었습니다. 이제는 남쪽에서 공기 중에 날카로운 휘파람 소리가 들렸고, 그쪽으로 고개를 돌렸을 때 그 방향에서도 풀들이 물결처럼 이리저리 휘어지는 것을 보았습니다.

갑자기 헨리 아저씨가 일어서며, 엠 아줌마에게 외쳤습니다.

"회오리바람이 오고 있어, 엠."

"나는 가축을 돌보러 갈게."

그러고는 소와 말이 있는 헛간 쪽으로 황급히 달려갔습니다.

엠 아줌마는 일을 내려놓고 문으로 왔습니다. 단박에 그녀는 바로 눈앞에 위험이 닥친 것을 알게 되었습니다.

"빨리, 도로시!"

그녀가 소리쳤습니다.

"회오리바람 대피소로 뛰어가!"

토토는 도로시의 품에서 뛰어내려 침대 아래로 숨어들었고, 도로시는 토토를 잡으러 갔습니다. 엠 아줌마는 몹시 두려워하며 바닥의 덮개를 열고 사다리를 타고 작고 어두운 구멍 속으로 내려갔습니다. 도로시는 간신히 토토를 잡고 아줌마를 따라가기 시작했습니다. 도로시가 방의 중간에 다다랐을 때, 커다란 바람 소리가 들려오고 그 여파로 집이 심하게 흔들렸기 때문에 그녀는 발을 헛딛게 되었고 결국은 바닥에 주저앉고 말았습니다.

그때 이상한 일이 일어났습니다.

집은 두세 번 휘몰아치고 천천히 공중으로 솟아올랐습니다. 도로시는 마치 풍선에 올라탄 것 같은 기분이 들었습니다.

북풍과 남풍은 집이 서 있는 곳에서 만나 회오리바람의 정확한 중심을 이루었습니다. 일반적으로 회오리바람의 중앙에서는 공기가 고요하지만, 집의 모든 면에서 바람의 큰 압력이 집을 점점 더 높이 올려 보냈고, 결국 회오리바람의 꼭대기까지 올라갔습니다. 그리고 그곳에서 쉽게 깃털을 운반하듯이 몇 마일 이상 이동했습니다.

집 주위는 매우 어두웠고 바람이 그녀 주위를 끔찍하게 울부짖었지만, 도로시는 상당히 쉽게 바람을 타고 있다는 것을 느꼈습니다. 처음 몇 번 회전한 후, 집이 심하게 한 번 기울었던 것을 제외하면 그녀는 마치 아기 요람에서 가볍게 흔들리고 있는 것 같은 편안한 느낌을 받았습니다.

토토는 지금 상황을 몹시 싫어했습니다. 그래서 방 안을 이리저리 뛰어다니며 크게 짖었습니다. 그러나 도로시는 바닥에 조용히 앉아 앞으로 무슨 일이 일어날지 몰라 조용히 기다렸습니다.

토토가 이리저리 뛰다가 열린 비밀문에 너무 가까이 다가갔

고, 결국 떨어져 버렸습니다. 처음에 도로시는 토토를 잃어버렸다고 생각했습니다. 그러나 곧 그녀는 토토의 귀 중 하나가 구멍을 통해 솟아 있는 것을 보았습니다. 강한 공기의 압력이 토토를 떠받치고 있어서 떨어질 수 없었던 것입니다. 그녀는 구멍으로 기어가 토토의 귀를 붙잡아 다시 방으로 끌어당겼고, 이후 더 이상의 사고가 일어나지 않도록 비밀문을 닫았습니다.

시간이 지나면서 도로시는 두려움을 조금씩 이겨낼 수 있었습니다. 그렇지만 혼자가 된 기분이 들었고, 주위에서 바람이 너무 크게 휘몰아쳤기 때문에 귀가 거의 멍해질 지경이었습니다. 처음에는 집이 다시 아래로 떨어져 산산조각이 날까봐 걱정했지만, 시간이 어느 정도 지나가도 끔찍한 일이 일어나지 않자 걱정을 그만두고 차분히 기다리기로 결심했습니다. 마침내 도로시는 흔들리는 바닥을 조심조심 기어가 침대에 누웠고, 토토도 뒤따라 그녀 옆에 얌전히 누웠습니다.

집이 흔들리고 바람이 휘몰아치는 가운데서도 도로시는 곧 눈을 감자마자 깊은 잠에 빠져들었습니다.

제2장

먼치킨과의 대화

갑작스럽고 심한 충격에 의해 도로시는 깨어났습니다. 만약 도로시가 부드러운 침대에 누워 있지 않았다면 다쳤을지도 모릅니다. 그 상황에서 도로시는 가쁜 숨을 죽여 가며 무슨 일이 일어났는지 궁금해 했습니다. 토토는 차가운 작은 코를 도로시의 얼굴에 부비면서 애처롭게 짖었습니다. 도로시는 침대 위에서 일어나 앉아 집이 더 이상 움직이지 않고 있음을 알았으며, 밝은 햇살이 창문을 통해 들어와 작은 방을 비추고 있어서 어두운 것도 아니었습니다. 도로시는 침대에서 뛰어내려 토토와 함께 달려가 문을 열었습니다.

도로시는 놀라서 소리치며 주위를 둘러보았고, 그녀가 본 경이로운 광경에 눈이 점점 더 휘둥그레졌습니다.

회오리바람이 아름다운 나라 한가운데에 집을 아주 부드럽게 내려놓았던 것입니다. 주변에는 화려한 나무들이 풍성하고 맛있는 과일을 맺고 있는 아름다운 초원이 가득했습니다. 사방에는 화려한 꽃들이 피어 있었고, 희귀하고 빛나는 깃털을 가진 새들이 나무와 덤불 사이에서 날개를 펄럭이며 노래했습니다. 조금 떨어진 곳에는 초록빛 강둑 사이로 흐르는 빛나는 작은 시내가 있었으며, 오랫동안 건조하고 회색의 초원에서 살아온 도로시에게는 고마운 목소리로 속삭였습니다.

도로시가 낯설고 아름다운 광경을 바라보며 기대에 찬 모습으로 서 있을 때, 그녀는 자신이 본 중에서 가장 이상한 사람들 여럿이 그녀에게 다가오는 것을 보았습니다. 그들은 도로시가 항상 보아온 어른들만큼 크지는 않았지만, 그렇다고 해서 매우 작지도 않았습니다. 사실, 그들은 나이에 비해 잘 자란 도로시와 비슷한 키 정도로 보였지만, 외모로 보아서는 그들은 도로시보다는 훨씬 나이 들어 보였습니다.

세 명은 남자였고 한 명은 여자였습니다. 그들은 모두 이상하게 옷을 입고 있었습니다. 그들은 머리 위로 한 1피트(약 30.5Cm) 정도 작은 뾰족한 점이 솟아 있는(원뿔 모양) 둥근 모자를 쓰고 있었고, 모자의 가장자리에는 작은 종이 달려 있어 움직일 때마다 짤랑짤랑 소리가 났습니다. 남자들의 모자는 파란색이었고, 작은 여자 모자는 하얀색이었으며, 그녀는 어깨에서부터 주름이 잡힌 하얀 드레스를 입고 있었습니다. 하얀 드레스 위에는 작은 별들이 뿌려져 있어서 햇빛을 받아 다이아몬드처럼 반짝였습니다. 남자들은 모자와 같은 파란색 옷을 입고 있었고, 부츠는 상단에 짙은 파란색의 두루마리 형태의 세련된 것이었습니다. 그 남자들은 도로시가 생각하기에 헨리 아저씨와 비슷한 나이처럼 보였는데, 그들 중 두 명은 수염이 나 있었습니다. 그러나 작은 여자는 분명 훨씬 나이가 많았습니다. 그녀의 얼굴은 주름으로 덮여 있었고, 머리는 거의 하얀색이었으며, 걷는 게 다소 뻣뻣해 보였습니다.

이 사람들이 도로시가 서 있는 집의 현관에 가까이 다가갔을 무렵, 마치 더 이상 가까이 가기가 두려운 것처럼 그들은 멈추어 서서 서로 속삭였습니다. 그러나 키 작은 할머니는 도로시에게 다가가서 낮게 고개를 숙여 인사한 후, 향기로운 목소리로 말했습니다.

"가장 고결한 마법사님, 먼치킨 땅에 오신 것을 환영합니다. 동쪽 나라의 나쁜 마녀를 처치해 주셔서, 저희가 마녀의 속박에서 벗어날 수 있게 해 주신 것에 대해 진심으로 감사드립니다."

도로시는 이 말을 의아하게 들었습니다. '왜 나를 마법사라고 부르고 동쪽의 나쁜 마녀를 죽였다고 말하는 것일까?' 도로시는 집에서 멀리 떨어진 곳으로 회오리바람에 의해 실려 온 순수하고 남에게 전혀 해를 끼치지 않는 작은 소녀였으며, 그녀는 평생 동안 아무것도 죽여본 적이 없었습니다.

하지만 그 키 작은 할머니는 분명히 도로시가 대답해 주기를 기대하고 있는 것 같았습니다. 그래서 도로시는 주저하며 말했습니다. "할머님은 매우 친절하시네요. 그렇지만 뭔가 분명히 착각하신 것 같아요. 저는 아무것도 죽이지 않았거든요."

"당신의 집이 그랬어요." 하고 키 작은 할머니가 웃으며 대답했습니다. "그리고 그것은 같은 거예요. 보세요!" 작은 할머니는 집 모서리를 가리키며 계속 말했습니다. "여기 나무 조각 아래에 그녀의 두 발이 튀어나와 있잖아요."

도로시는 그 광경을 바라보았고, 다소 두려움에 소리쳤습니다.

그곳에는, 집이 놓여 있던 자리에서 큰 기둥의 모서리 바로 아래에 두 발이 튀어나와 있었고, 두 발은 뾰족한 발끝의 은빛 신발이 신겨져 있었습니다.

"오, 이런! 오, 이런!"이라고 도로시가 두 손을 모으며 외쳤습니다. "집이 이곳에 떨어질 때 그녀가 깔렸나 봐요. 전 어떻게 해야 해요?"

"할 수 있는 일이 없어요."라고 키 작은 할머니가 차분하게 말했습니다.

"그렇다면 그녀는 누구였죠?"라고 도로시가 물었습니다.

"제가 말한 대로, 그녀는 동쪽 나라의 나쁜 마녀였답니다."라고 키 작은 할머니가 대답했습니다. "그녀는 오랫동안 모든 먼치킨들을 억압하여 밤낮 없이 그녀를 위해 일하게 했습니다. 이제 먼치킨들은 모두 자유를 얻었어요. 그래서 당신에게 감사하고 있는 거랍니다."

"먼스킨들은 또 누구인가요?"라고 도로시가 물었습니다.

"그들은 나쁜 마녀가 지배했던 동쪽 땅에 사는 사람들입니다."

"할머님도 먼치킨이신가요?"라고 도로시가 물었습니다.

"아니요, 비록 나는 북쪽 땅에 살고 있지만 먼치킨들의 친구랍니다. 동쪽 나라의 나쁜 마녀가 죽었다는 소식을 듣고 먼치킨들이 나에게 빠르게 찾아와 알려줬습니다. 그래서 나는 즉시 달려왔던 겁니다. 나는 북쪽 나라의 마녀예요."

"오, 정말이세요! 당신은 진짜 마녀인가요?" 도로시가 외쳤습니다.

"네, 정말이에요. 하지만 나는 착한 마녀예요. 사람들은 나를 사랑한답니다. 나는 이곳을 지배했던 나쁜 마녀만큼 강력하지는 못해요. 그래서 내 스스로 사람들을 해방시킬 수 없었던 거죠." 키 작은 할머니가 대답했습니다.

"하지만 나는 마녀는 모두 못됐다고 생각했어요."라고 실제 마녀를 마주한 것에 반쯤 겁먹은 도로시가 말했습니다.

"아, 아니에요, 그것은 큰 오해예요. 오즈의 땅에는 모두 네 명의 마녀가 있어요. 그 중 북쪽과 남쪽에 사는 두 마녀는 착한 마녀랍니다. 제가 그들 중 하나이기 때문에 그것은 틀림없는 사실이에요, 잘못일리가 없습니다. 동쪽과 서쪽에 사는 마녀들은 정말 나쁜 마녀들이었습니다만, 이제 당신이 그들 중 하나를 죽였으니 오즈의 땅에는 나쁜 마녀가 하나만 남았네요. 바로 서쪽에 사는 마녀랍니다."

"하지만, 엠 아줌마가 모든 마녀들은 죽었다고 말했어요. 수년 전의 일입니다." 도로시가 잠시 생각한 후에 말했습니다.

"엠 아줌마는 누구십니까?"라고 키 작은 할머니가 물었습니다.

"내가 온 캔자스에 사는 아줌마입니다."

북쪽 나라의 착한 마녀는 한동안 생각하는 듯 머리를 숙이고 땅을 바라보았습니다. 그러다가 고개를 들어 말했습니다. "나는 캔자스가 어디인지 모르겠네요. 그 나라에 대한 이야기를 들어본 적이 없거든요. 하지만 나에게 말해 주시겠어요, 그곳은 문명이 발달한 나라인지요?"

"네, 맞아요."라고 도로시가 대답했습니다.

"그렇다면 이해가 됩니다. 문명이 발달한 나라에서는 더 이상 마녀도 마법사도 없거든요. 그러나 보시다시피, 오즈의 땅은 결코 문명화되어 있지 않습니다. 우리는 세상의 모든 다른 나라들과 단절되어 있기 때문이죠. 그래서 우리는 여전히 우리 사이에 마녀와 마법사가 있습니다."

"누가 마법사입니까?"라고 도로시가 물었습니다.

"오즈 자신이 위대한 마법사입니다. 그는 우리 모두를 합친 것보다 더 강력한 마법사입니다. 그는 에메랄드 시에서 삽니다." 마녀가 속삭이며 대답했습니다.

도로시는 또 다른 질문을 하려고 했지만, 그때 조용히 서 있던 먼치킨들이 큰 소리로 외치며 나쁜 마녀가 누워 있던 집 모퉁이를 가리켰습니다.

"그게 뭐예요?"라고 북쪽 나라 착한 마녀가 물으며 바라보고 웃기 시작했습니다. 죽은 동쪽 나라 마녀의 발은 완전히 사라졌고, 남은 것은 은빛 신발뿐이었기 때문입니다.

"그녀는 매우 나이가 많아서, 태양빛에 금방 바싹 말라버렸군요. 그녀는 끝나버린 거예요. 하지만 은빛 신발은 당신의 것이고, 당신은 그것을 신고 갈 수 있답니다." 북쪽 나라의 마녀가 설명했습니다. 그녀는 신발을 집어 들고 먼지를 털어낸 후, 도로시에게 신발을 건네주었습니다.

"동쪽 나라의 나쁜 마녀는 그 은빛 신발을 자랑스럽게 여겼습니다. 그것에는 어떤 마력이 있는 것 같습니다만, 그게 무엇인지 우리는 결코 알지를 못합니다."라고 먼치킨 중 한 명이 말했습니다.

도로시는 신발을 집으로 가지고 들어가 탁자 위에 놓았습니다. 그런 다음 다시 나와서 먼치킨들에게 말했습니다.

"저는 아저씨와 아줌마에게 돌아가고 싶어요. 그들은 나에 대해 걱정을 많이 할 거예요. 길을 찾는 데 도와주실 수 있나요?"

먼치킨들과 마녀는 먼저 서로를 바라보고, 그 다음 도로시를 바라본 후, 고개를 흔들었습니다.

"동쪽에, 여기서 멀지 않은 곳에, 거대한 사막이 있은데, 그것을 건너는 것은 불가능합니다." 한 먼치킨이 말했습니다.

"남쪽도 마찬가지입니다. 저는 그곳에 가서 보았습니다. 남쪽은 쿼들링의 나라입니다." 또 다른 먼치킨이 말했습니다.

"나는 들었습니다. 서쪽에서도 같은 상황입니다. 윙키들이 사는 나라는 서쪽의 나쁜 마녀가 지배하고 있으며, 그녀의 길을 지나면 당신을 그녀는 노예로 만들 것입니다." 세 번째 먼치킨이 말했습니다.

"북쪽은 제 고향입니다. 그 경계에는 오즈의 땅을 둘러싼 광활한 사막이 있습니다. 미안하지만, 나의 사랑하는 사람, 당신은 우리와 함께 살아야 할 것 같습니다."라고 착한 마녀가 말했습니다.

도로시는 이러한 상황에 슬퍼하기 시작했고, 이러한 낯선 사람들 가운데 외로움을 느꼈습니다. 그녀의 눈물은 친절한 먼치킨들을 슬프게 했고, 그들은 이내 손수건을 꺼내어 함께 울기 시작했습니다. 북쪽 나라 착한 마녀는 모자를 벗고 그 뾰족한 끝을 코끝에 올려놓으면서 "하나, 둘, 셋"이라고 엄숙한 목소리로 셌습니다. 그 순간 모자가 얇은 석판으로 바뀌었고, 그 위에는 흰색 분필 글씨로 다음과 같이 크게 쓰여 있었습니다.

"도로시가 에메랄드 시로 가게 하십시오."

착한 마녀가 코끝에서 얇은 석판을 떼어낸 후, 그 위의 글자를 읽고는 물었습니다. "내 사랑, 당신의 이름은 도로시인가요?"

"네." 도로시가 대답하며, 착한 마녀를 바라보며 눈물을 닦았습니다.

"그러면 에메랄드 시로 가셔야 합니다. 아마도 오즈가 도와줄 것입니다."

"그 도시는 어디에 있나요?"라고 도로시가 물었습니다.

"이 나라의 정확한 중심부에 위치하고 있으며, 내가 말한 위대한 마법사 오즈가 다스리고 있습니다."

"그는 좋은 사람인가요?"라고 도로시가 불안해하며 물었습니다.

"그는 훌륭한 마법사입니다. 그가 남자인지 여자인지는 알 수 없습니다. 왜냐하면 나는 그를 본 적이 없거든요."

"거기에 어떻게 가면 좋습니까?"라고 도로시가 물었습니다.

"당신은 걸어서 가야 합니다. 길고 긴 여정이 될 것이며, 때로는 즐겁고 때로는 어둡고 끔찍한 나라를 지나게 됩니다. 그러나 나는 당신이 다치지 않도록 하기 위해 내가 아는 모든 마법의 기술을 사용할 것입니다."

"저와 함께 가시지 않으시겠습니까?"라고 도로시가 애원하며 말하였습니다. 착한 마녀를 유일한 친구로 여기기 시작한 것이었습니다.

"아니요, 그렇게 할 수는 없습니다. 하지만 나는 당신에게 나의 입맞춤을 줄 것입니다. 북쪽 마녀의 입맞춤을 받은 사람은 감히 어느 누구도 해를 끼칠 수는 없을 것입니다." 착한 마녀가 대답했습니다.

착한 마녀는 도로시에게 가까이 다가가 부드럽게 이마에 입맞춤을 했습니다. 그녀의 입술이 도로시에게 닿은 곳에는 둥글고 빛나는 자국이 남았습니다. 이는 도로시가 조금 지난 후에 알게 되었습니다.

"에메랄드 시로 가는 길은 노란 벽돌로 포장되어 있습니다. 그래서 길을 잃어버리지는 않을 겁니다. 오즈에 도착하면 그를 두려워하지 말고, 당신의 이야기를 하고 그에게 도움을 요청하세요. 잘 가요, 내 사랑." 착한 마녀가 말했습니다.

세 명의 먼치킨은 그녀에게 고개 숙여 깊이 인사하며 즐거운 여행을 기원했고, 그 후 나무 사이로 걸어갔습니다. 착한 마녀는 도로시에게 친근하게 고개를 숙이고 왼발 뒤꿈치로 세 번 빙글 돌더니 즉시 사라졌습니다. 마녀가 떠난 후, 토토는 착한 마녀가 있을 때는 두려워했기 때문에 으르렁거리기조차 못하다가 이제야 꽤 크게 짖었습니다.

그러나 도로시는 그녀가 마녀라는 것을 알고 있었기 때문에 그런 방식으로 사라질 것이라고 예상했고, 그래서 전혀 놀라지 않았습니다.

제3장

뇌가 없는 허수아비 구하기

도로시는 혼자 남겨지자 배고픔을 느끼기 시작했습니다. 그래서 찬장으로 가서 빵을 잘라 버터를 발라 먹었습니다. 도로시는 토토에게도 일부를 주었고, 선반에서 양동이를 꺼내 작은 시냇가로 가서 맑고 반짝이는 물을 담았습니다. 토토는 나무쪽으로 달려가 그곳에 앉아 있는 새들에게 짖기 시작했습니다. 도로시는 토토를 데리러 갔고, 나무의 가지에 매달려 있는 맛있어 보이는 과일을 보고 열심히 모았습니다. 아침식사용으로 좋을 것 같다고 생각했습니다.

도로시는 집으로 돌아와서 토토와 더불어 시원하고 깨끗한 물로 충분히 목을 축이고 에메랄드 시로의 여행 준비를 시작했습니다.

도로시는 또 다른 옷 한 벌이 있었으며, 그것은 깨끗했고 침대

옆에 걸려 있었습니다. 옷은 흰색과 파란색 체크무늬의 면 원피스였습니다. 파란색은 여러 번 세탁하여 다소 퇴색되었지만, 여전히 예쁜 드레스였습니다. 도로시는 조심스럽게 썻고, 깨끗한 면 원피스를 입고, 햇빛 가릴 수 있는 분홍색 모자를 머리에 썼습니다. 또한 작은 바구니를 가져와서 찬장에서 빵을 담고, 그 위에 흰 천을 덮었습니다. 그런 다음 자신의 발을 내려다보고, 신발이 많이 낡았다는 것을 알게 되었습니다.

"이 낡은 신발로는 결코 긴 여행을 할 수 없을 것 같아, 토토." 도로시가 말했습니다. 토토는 작고 검은 눈으로 도로시의 얼굴을 쳐다보며 의미하는 바를 알았다고 꼬리를 흔들어 주었습니다.

그 순간 도로시는 탁자 위에 있는 동쪽 나쁜 마녀의 소유였던 은빛 신발이 놓여 있는 것을 보았습니다.

"이 은빛 신발이 나에게 맞을지 궁금하네. 이 은빛 신발은 쉽게 닳지 않을 것이기 때문에 오래 걷기에 딱 좋을 것 같아." 도로시가 토토에게 말했습니다.

도로시는 오래된 가죽 신발을 벗고 은빛 신발을 신어보았습니다. 은빛 신발은 마치 그녀를 위해 만든 것처럼 잘 맞았습니다.

마침내 도로시는 바구니를 집어 들었습니다.

"가자! 토토, 우리는 에메랄드 시로 가서 위대한 마법사 오즈에게 캔자스로 돌아가는 방법을 물어보아야 해." 도로시가 말했습니다.

도로시는 문을 닫아 잠그고, 원피스 주머니에 조심히 열쇠를 넣었습니다. 토토가 도로시 뒤에서 조용히 따라오며, 그렇게 도로시와 토토의 여행이 시작되었습니다.

근처에는 길이 여러 갈래로 나 있었지만, 노란 벽돌로 포장된 길을 찾는 데는 그리 오랜 시간이 걸리지는 않았습니다. 이내 도로시는 에메랄드 시를 향해 빠르게 걸어가고 있었으며, 그녀의 은빛 신발은 단단한 노란 길 위에서 즐겁게 딸각딸각 소리를 냈습니다. 태양은 밝게 빛나고 새들은 달콤하게 노래했으며, 도로시는 자신의 나라에서 갑자기 휩쓸려 이 낯선 땅 한가운데에 놓인 작은 소녀가 느낄 수 있을 법한 기분이 전혀 들지 않았습니다.

도로시는 걷는 동안 주변의 나라가 얼마나 아름다운지 보게 되어 놀랐습니다. 길의 양쪽에는 깔끔하게 칠해진 하늘색의 울타리가 있었고, 그 너머에는 풍성한 곡물과 채소밭이 있었습니다. 분명히 먼치킨들은 훌륭한 농부들이며 대규모 농작물을 재배할 수 있었습니다. 가끔 도로시가 집을 지나치곤 했고, 사람들은 그녀를 바라보며 고개 숙여 인사했습니다. 왜냐하면 모든 사람이 그녀가 나쁜 마녀를 처치하고 그들을 해방시켜 주었다는 것을 알고 있었기 때문입니다. 먼치킨들의 집은 이상하게 생긴 주택들이었습니다. 각각 둥글고 큰 원형 지붕을 가지고 있었으며, 모두 파란색으로 칠해져 있었습니다. 이 동쪽 나라에서는 파란색이 가장 좋아하는 색이었습니다.

저녁 무렵, 도로시가 오랫동안 걸어서 지치고 밤을 어디서 보내야 할지 고민하기 시작했을 때, 그녀는 다른 집들보다 다소 큰 집에 이르게 되었습니다. 그 앞의 푸른 잔디밭에서는 많은 남자와 여자가 춤추고 있었습니다. 다섯 명의 작은 바이올린 연주자가 무지 크게 연주했고, 사람들은 웃고 노래하며 근처에 있는 큰 탁자에는 맛있는 과일과 견과류, 파이와 케이크, 그리고 먹을 것들이 많이 쌓여 있었습니다.

사람들은 도로시에게 친절하게 인사하고 저녁 식사에 초대하였으며 그들과 함께 하룻밤을 보내도록 초대받았습니다. 이곳은 이 지역에서 가장 부유한 먼치킨 중 한 사람의 집이었고 그의 친구들은 나쁜 마녀의 속박에서 벗어난 것을 축하하기 위해 모여 있었습니다.

이름이 보크인 부유한 먼치킨이 직접 시중을 들어 도로시가 푸짐한 저녁을 먹었습니다. 그런 다음 그녀는 소파에 앉아 사람들이 춤추는 것을 지켜보았습니다.

보크가 도로시의 은빛 신발을 보자마자, "당신은 위대한 마법사임에 틀림없습니다."라고 말했습니다.

"왜요?"라고 도로시가 물었습니다.

"은빛 신발을 신었고, 나쁜 마녀를 죽였기 때문입니다. 게다가 당신의 원피스에는 흰색이 있으며, 흰색은 오직 마녀와 마법사만 입습니다."

"제 원피스는 파란색과 흰색 격자무늬입니다."라고 도로시가 말하며 주름을 펴고 있었습니다.

"그것을 입어 주셔서 감사합니다. 파란색은 먼치킨의 색이며,

흰색은 마녀의 색입니다. 그래서 우리는 당신이 착한 마녀임을 압니다."라고 보크가 말했습니다.

도로시는 이를 두고 무엇이라고 말해야 할지 몰랐습니다. 모든 사람들이 그녀를 마녀라고 생각하는 것 같았고, 그녀는 자신이 우연히 회오리바람을 타고 이상한 나라에 온 평범한 작은 소녀라는 것을 잘 알고 있었습니다.

도로시가 춤 구경에 지루함을 느낄 때, 보크는 그녀를 집으로 데려가서 예쁜 침대가 있는 방을 주었습니다. 침대보는 파란색으로 만들어졌으며, 도로시는 아침까지 편안하게 잠을 잤고, 토토는 그녀 곁의 파란 양탄자 위에 몸을 동그랗게 말고 자고 있었습니다.

도로시는 푸짐한 아침식사를 먹고, 토토와 함께 놀며 그의 꼬리를 잡아당기고 소리 내어 웃는 작은 먼치킨 아기를 지켜보았습니다. 그들은 이전에 개를 본 적이 없었기 때문에 토토는 모든 사람들에게 훌륭한 호기심의 대상이었습니다.

"에메랄드 시까지 얼마나 멀까요?" 도로시가 물었습니다.

"모르겠습니다. 저는 그곳에 가본 적이 없습니다. 오즈에 꼭 가봐야 할 일이 없는 한 멀리 떨어져 있는 것이 좋습니다. 그러나 에메랄드 시까지는 멀고, 많은 날이 걸릴 것입니다. 이곳은 풍요롭고 쾌적하지만, 오즈까지의 여행은 도달하기 전까지 거칠고 위험한 장소들을 지나가야 합니다." 보크가 진지하게 대답했습니다.

이 말을 들은 도로시는 조금 걱정이 되었지만, 오직 위대한 오즈만이 다시 캔자스로 가는 데 도움을 줄 수 있다는 것을 알고 있었으므로, 용감하게 돌아가지 않고 계속 오즈를 향해 가기로 결심했습니다.

도로시는 친구들에게 작별 인사를 한 후, 다시 노란 벽돌 길을 따라 출발했습니다. 어느 정도 걷고 난 후, 쉬기로 결심하고 길옆의 울타리 꼭대기로 올라가 앉았습니다. 울타리 너머에는 큰 옥수수 밭이 있었고, 멀지 않은 곳에 익은 옥수수를 지키기 위해 높이 세워진 허수아비를 보았습니다.

도로시는 손에 턱을 괴고 허수아비를 깊은 생각에 잠겨 자세히 바라보았습니다. 허수아비의 머리는 지푸라기로 채워진 작은 자루였고, 눈과 코, 입이 그려져 있어 사람의 얼굴 형태를 하고 있었습니다. 머리에는 먼치킨들이 썼던 오래된 뾰족한 파란 모자를 쓰고 있었고, 나머지 몸에는 오래되고 바란 파란색 옷으로, 역시 지푸라기로 채워져 있었습니다. 발에는 이 나라의 모든 남자들이 신었던 파란색 장식이 있는 오래된 부츠가 신겨져 있었으며, 그 모습은 등에 꽂힌 기둥 덕분에 옥수수 줄기 위로 높이 솟아 있었습니다.

도로시가 이상하게 칠해진 허수아비의 얼굴을 열심히 바라보고 있을 때, 마치 사람이 윙크하듯이 한쪽 눈이 천천히 그녀를 향해 깜빡이는 것을 보고 놀랐습니다. 처음에는 착각했을 것이라고 생각했습니다. 왜냐하면 캔자스의 허수아비는 결코 눈을 깜빡이지 않기 때문입니다. 그러나 곧 허수아비는 도로시에게 친근하

게 고개를 끄덕였습니다. 도로시는 울타리에서 내려와 허수아비를 향해 걸어갔고, 토토는 기둥 주위를 빙빙 돌며 마주 짖어댔습니다.

"날씨가 참 좋습니다." 허수아비가 다소 굵은 목소리로 말했습니다.

"지금 말을 한 거예요?"라고 도로시가 놀라며 물었습니다.

"물론입니다. 어떻게 지내시나요?" 허수아비가 대답했습니다.

"저는 잘 지냅니다, 감사합니다."라고 도로시가 정중하게 대답했습니다. "어떻게 지내시나요?"

"기분이 좋지 않습니다. 여기에 밤낮으로 앉아 있어 까마귀를 쫓는 것은 정말 지루한 일입니다."라고 허수아비가 미소 지으며 말했습니다.

"내리지 못하시나요?"라고 도로시가 물었습니다.

"네, 기둥이 제 등에 박혀 있습니다. 기둥을 치워주신다면 대단히 고맙겠습니다."

도로시는 두 팔을 쭉 뻗어 기둥에서 허수아비를 들어 올렸습니다. 허수아비는 지푸라기로 꽉 차 있었기 때문에 그리 무겁지 않았습니다.

"대단히 감사합니다. 저는 새로운 사람이 된 기분입니다."라고 허수아비가 땅에 내려놓였을 때 말했습니다.

도로시는 무척 당황했습니다. 허수아비가 말하는 것도 이상하게 들렸고, 허수아비가 그녀 곁에 고개를 숙이고 걸어가는 것을 보는 것도 이상했습니다.

"당신은 누구십니까? 지금 어디로 가고 계십니까?" 허수아비가 몸을 쭉 펴고 하품을 한 후에 물었습니다.

"제 이름은 도로시라고 합니다. 저는 에메랄드 시에 가서 위대한 오즈의 마법사에게 캔자스로 다시 보내달라고 요청하려고 합니다." 도로시가 말했습니다.

"에메랄드 시는 어디입니까? 그리고 오즈 마법사는 누구입니까?" 허수아비가 물었습니다.

"왜, 모르세요?" 도로시가 놀라며 대답했습니다.

"네, 정말로 모릅니다. 저는 아무것도 모르겠습니다. 보십시오, 저는 지푸라기로 꽉 차서 머리에 뇌가 없답니다." 허수아비는 슬프게 대답했습니다.

"오, 매우 안타깝네요."라고 도로시가 말했습니다.

"당신은 내가 당신과 함께 에메랄드 시에 간다면, 오즈의 마법사가 나에게 똑똑한 뇌를 줄 거라고 생각하십니까?" 허수아비가 물었습니다.

"말씀드릴 수는 없지만, 원하신다면 저와 함께 가실 수 있어요. 오즈의 마법사가 당신에게 똑똑한 뇌를 주지 않더라도 지금보다 나빠지지는 않을 것 같은데요."

"그러네요." 허수아비가 말했습니다. "보세요." 허수아비는 비밀스럽게 계속 말했습니다. "저는 제 다리와 팔, 몸이 지푸라기로 채워져 있어서 다칠 염려가 없기 때문에 신경 쓰지 않습니다. 누군가가 제 발끝을 밟거나 저를 찔러도 고통을 느낄 수 없기 때문에 상관없습니다. 하지만 사람들이 저를 바보라고 부르는 것은 정말 싫습니다. 만약 제 머리가 당신의 머리처럼 뇌가 있는 것이 아니라 대신에 지푸라기로 여전히 채워져 있다면, 제가 무엇을 알 수 있겠습니까?"

"당신의 기분을 이해해요."라고 진심으로 허수아비를 걱정하며 도로시가 말했습니다. "저와 함께 가신다면 오즈의 마법사에게 당신을 위해 최선을 다해달라고 잘 요청해 보도록 할게요."

"감사합니다." 허수아비가 고마워하며 대답했습니다.

그들은 길로 돌아갔습니다. 도로시는 허수아비가 울타리 넘는 것을 도와주었고, 그들은 에메랄드 시를 향한 노란 벽돌 길을 따라 걷기 시작했습니다.

토토는 처음에 이 여행에 새롭게 추가된 허수아비를 좋아하지 않았습니다. 토토는 허수아비의 지푸라기 속에 쥐 둥지가 있을지도 모른다고 의심하듯 그 뚱뚱한 허수아비 주변을 킁킁대며 냄새를 맡으며 돌아다녔고, 종종 허수아비에게 불친절하게 으르렁거렸습니다.

"토토는 신경 쓰지 마세요."라고 도로시가 그녀의 새 친구에게 말했습니다. "토토는 결코 물지 않아요."

"아, 저는 두렵지 않습니다." 허수아비가 대답했습니다. "지푸라기를 다치게 할 수는 없으니까요. 제가 바구니를 들어드리겠습니다. 저는 피곤하지 않기 때문에 상관없습니다. 제가 비밀을 하나 말씀드릴게요." 허수아비가 걸어가며 계속 말했습니다. "세상에서 제가 두려워하는 것은 오직 하나입니다."

"그게 뭐예요?"라고 도로시가 물었습니다. "당신을 만든 먼치킨 농부요?"

"아니요, 불이 켜진 성냥입니다." 허수아비가 대답했습니다.

제4장

숲을 통하는 길

걸은 지 몇 시간 후 길은 거칠어지기 시작했고, 걷기가 매우 어려워져서 허수아비는 종종 고르지 않은 툭 튀어 나온 노란 벽돌 때문에 넘어졌습니다. 때때로 노란 벽돌이 부서지거나 아예 없어져 구멍이 나 있는 경우 토토는 뛰어넘고 도로시는 돌아서 가야만 했습니다. 허수아비는 뇌가 없어서 앞쪽으로 곧장 걸어갔고, 그래서 그는 구멍에 발이 빠져 딱딱한 벽돌 위로 넘어졌습니다. 하지만 허수아비는 고통을 몰랐기 때문에 전혀 아프지 않았고, 도로시는 그를 일으켜 세워주었습니다. 허수아비는 자신의 사고를 즐겁게 웃으며 받아들이고는 도로시를 따라 걸었습니다.

이곳의 농장들은 먼저 지나온 뒤쪽의 농장들처럼 잘 관리되어 있지 않았습니다. 집이 더 적고 과일 나무도 더 적었으며, 그들이 가면 갈수록 더욱 음침하고 인적이 드물었습니다.

정오에 그들은 작은 개울 근처의 길가에 앉았고, 도로시는 바구니를 열고 빵 몇 조각을 꺼냈습니다. 그녀는 허수아비에게 한 조각을 건넸지만, 허수아비는 거절했습니다.

"나는 결코 배고프지 않습니다. 그리고 내가 배고프지 않은

것은 행운입니다. 왜냐하면 내 입은 단지 페인트만 칠해져 있기 때문입니다. 만일, 내가 먹을 수 있도록 구멍을 뚫는다면, 내 속을 채운 지푸라기가 나올 것이고, 그것은 내 머리 모양을 망칠 것입니다."라고 허수아비는 말했습니다.

도로시는 바로 허수아비의 말이 사실임을 알았으므로, 그녀는 고개를 끄덕이고 빵을 계속 먹었습니다.

"당신과 당신이 온 나라에 대해 말해 주세요."라고 허수아비는 도로시가 식사를 다 마쳤을 때 말했습니다. 그래서 도로시는 캔자스에 대해 모든 것을 이야기했고, 그곳이 얼마나 회색이었는지, 그리고 회오리바람이 그녀를 이 이상한 오즈의 땅으로 어떻게 데려왔는지에 대해 이야기했습니다.

"왜 당신은 이 아름다운 나라를 떠나 캔자스라고 불리는 메마르고 회색의 장소로 돌아가고 싶어 하는지 이해할 수 없습니다." 허수아비는 주의 깊게 듣고 말했습니다.

"그것은 허수아비님에게 뇌가 없기 때문이에요. 우리 집이 다소 우울하고 회색이더라도, 우리는 피와 살로 이루어진 사람으로서 어떤 다른 곳보다 우리 고향인 캔자스에서 살기를 원해요. 아무리 아름답다 하더라도, 집처럼 좋은 곳은 없으니까요."라고 도로시가 대답했습니다.

허수아비는 한숨을 쉬었습니다.

"물론 이해하지 못하겠습니다. 만약 당신의 머리가 저처럼 지푸라기로 가득 차 있었다면, 당신은 아마 이 아름다운 곳에 살고 있을 것이고, 그럼 캔자스에는 아무도 없을 것입니다. 당신이 뇌를 가지고 있어서 캔자스에게는 다행입니다." 허수아비가 말했습니다.

"저희가 쉬고 있는 동안 허수아비님의 이야기를 들려주시지 않겠어요?"라고 도로시가 물었습니다.

허수아비가 그녀를 원망스럽게 쳐다보며 대답했습니다.

"내 인생은 너무 짧아서 나는 아무것도 알지 못합니다. 나는 그저 이틀 전에 만들어졌을 뿐입니다. 그 이전에 세상에서 일어난 일들은 알지 못합니다. 다행히도 농부가 내 머리를 만들었을 때, 그가 한 첫 번째 일 중 하나는 내 귀를 그리는 것이었습니다. 그제야 나는 무슨 일이 일어나고 있는지를 들을 수 있었습니다. 그와 함께 또 다른 먼치킨이 있었는데, 내가 가장 먼저 들은 것은 농부가 말하는 것이었습니다. "귀가 마음에 드나? 귀가 좀 비뚤어진 것 같은데."라고 다른 먼치킨이 대답했습니다.

"신경 쓰지 말게. 그래도 귀는 귀잖아." 농부가 말했습니다. 이는 맞는 말입니다.

"이제 눈을 그려볼까."라고 농부가 말했습니다. 그리곤 그는 내 오른쪽 눈을 그렸고, 그 즉시 나는 농부와 주변의 모든 것을 큰 호기심 어린 눈으로 바라보게 되었습니다. 이것이 이 세상을 처음으로 보게 된 것이었죠.

"상당히 예쁜 눈이네요." 농부를 지켜보던 먼치킨이 말했습니다. "파란색 페인트는 눈에 딱 어울리는 색이야."

"다른 쪽 눈은 조금 더 크게 그릴 생각인데." 농부가 말했습니다. 두 번째 눈이 완성되었을 때, 나는 이전보다 훨씬 더 잘 볼수 있게 되었습니다. 그 다음으로 그는 내 코와 입을 그렸습니다. 그러나 그 당시 나는 입이 무엇을 위한 것인지 몰랐기 때문에 말하지 못했습니다. 나는 그들이 내 몸과 팔, 다리를 만드는 것을 지켜보는 재미를 느낄 수 있었고, 마침내 그들이 내 머리를 붙였을때, 나는 매우 자랑스러웠습니다. 왜냐하면 내가 누구보다도 훌륭한 사람이라고 생각했기 때문입니다.

"이 친구를 보면, 까마귀들은 금방 달아날 것 같은데, 꼭 사람처럼 보이니까."

"왜 그는 진짜 사람이야."라고 다른 먼치킨이 말했습니다. 나는 그의 말에 완전 동의했습니다. 농부는 나를 그의 팔 아래에 끼고, 옥수수 밭에 가서 높은 막대기에 꽂아 당신이 발견한 바로 이곳에 세워주었습니다. 그와 그의 친구는 곧 떠났고 나는 혼자 남겨지게 되었습니다.

나는 이렇게 홀로 버림받는 것이 싫었습니다. 그래서 그들을따라가려고 했지만, 내 발은 땅에 닿지 않았고 나는 그 막대기에매달려 머물러 있을 수밖에 없었습니다. 내가 그렇게 오랫동안 없었기 때문에 생각할 것이 아무것도 없어서 외로운 삶을 살아야했습니다. 많은 까마귀와 다른 새들이 옥수수 밭으로 날아왔지만, 나를 보자마자 다시 날아갔습니다. 그들은 내가 먼치킨이라고 생각했기 때문인 것 같습니다. 그래서 나는 기쁨에 들뜨게 됐고, 내가 꽤 중요한 사람이라는 느낌이 들었습니다. 그러던 중 한 마리 나이 들어 보이는 늙은 까마귀가 내 곁에 날아왔고, 나를 주의 깊게 살펴보더니 내 어깨에 앉아서 말했습니다.

'저 농부가 이런 서투른 방법으로 나를 속일 생각을 했는지 궁금하군. 어떤 센스 있는 까마귀라면, 단지 지푸라기로 채워져 있는 허수아비라는 것을 알 수 있을 텐데.' 그러고 나서 그는 내 발 아래로 뛰어내려 원하는 만큼의 옥수수를 먹었습니다. 다른 새들은 그가 나에게 해를 입지 않는 것을 보고 옥수수를 먹기 위해 다가왔고, 곧 내 주위에는 많은 새들이 몰려들었습니다.

"나는 이 광경을 보고 슬펐습니다. 왜냐하면 내가 결국은 그렇게 좋은 허수아비가 아니라는 것을 알아버렸기 때문입니다. 하지만 늙은 까마귀는 나를 위로해 주었습니다. '너의 머리에 뇌만 있었다면 너는 그 누구보다도 좋은 사람이 될 것이고, 그들 중 일부보다 더 나은 사람이 되었을 텐데. 이 세상에서 소중한 것은 오직 뇌뿐이야. 까마귀이든 사람이든 상관없이.'

까마귀가 떠난 후, 나는 곰곰이 생각해 보고, 뇌를 얻기 위해 열심히 노력하기로 결심했습니다. 다행히 당신이 나타나 나를 기둥에서 빼내 주었고, 당신이 말한 것으로 보아 에메랄드 시에 도착하면 위대한 오즈의 마법사가 나에게 뇌를 줄 것이라는 믿음이 생겼습니다."

"그렇기를 바라요. 당신이 뇌를 원하는 것 같으니."라고 도로시가 진지하게 말했습니다.

"아, 맞습니다. 저는 아주 갈망하고 있습니다. 자신이 바보라는 것을 아는 것은 매우 마음이 불편합니다." 허수아비가 대답했습니다.

"좋습니다. 가죠." 도로시가 말했습니다. 그리고 도로시는 허수아비에게 바구니를 건넸습니다.

길옆에는 이제 전혀 울타리가 없었고, 땅은 거칠고 경작되어 있지 않았습니다. 저녁이 될 무렵 그들은 울창한 숲에 이르렀는데, 나무들이 매우 크고 서로 가까이 자라서 그 가지들이 노란 벽돌 길 위를 덮고 있었습니다. 나무 아래는 거의 어두웠고, 가지들이 햇빛을 가로막았습니다. 하지만 그들은 멈추지 않고 숲속으로 계속 나아갔습니다.

"이 길로 들어가면 반드시 나와야 합니다. 에메랄드 시가 길의 끝에 있으니까, 우리는 이 길이 어디로 이끌든 따라가야 합니다." 라고 허수아비가 말했습니다.

"네, 그건 누구나 알아요."라고 도로시가 말했습니다.

"물론입니다. 그것이 내가 아는 이유입니다. 뇌가 있어야 이해할 수 있다면, 나는 결코 그렇게 말하지 않았을 것입니다." 허수아비가 대답했습니다.

한 시간쯤 후에 빛이 사라졌고, 그들은 어둠 속에서 비틀거리며 나아가는 자신을 발견했습니다. 도로시는 전혀 볼 수 없었지만, 토토는 볼 수 있었습니다. 개들은 어둠 속에서도 매우 잘 보이기 때문입니다. 그리고 허수아비는 낮처럼 잘 볼 수 있다고 했습니다. 그래서 도로시는 허수아비의 팔을 잡고 비교적 잘 나아갈 수 있었습니다.

"어떠한 집이든지, 혹은 우리가 밤을 보낼 수 있는 어떤 장소라도 보게 되면, 꼭 저에게 말씀해 주셔야 해요. 어둠 속에서 걷는 것은 매우 불편하거든요." 도로시가 말했습니다.

허수아비는 곧 멈추었습니다.

"저기 우리 오른편에 작은 오두막이 보입니다. 나무와 가지로 지어진 오두막입니다. 그곳에 가볼까요?" 허수아비가 말했습니다.

"네? 정말요? 나는 완전히 지쳤어요." 도로시가 대답했습니다.

그래서 허수아비는 도로시를 나무 사이로 이끌고 작은 오두막집에 도착했습니다. 도로시가 안

으로 들어가 보니 한 구석에 마른 잎사귀로 된 침대가 있는 것을 발견했습니다. 도로시는 즉시 그 침대에 누웠고, 토토도 함께 곁에 누워 곧 깊은 잠에 빠져들었습니다. 결코 피곤하지 않은 허수아비는 구석에 서서 아침이 올 때까지 인내심을 가지고 기다렸습니다.

제5장
심장이 없는 양철 나무꾼 구하기

도로시가 깨어났을 때 해가 나무 사이로 비추고 있었고, 토토는 이미 새와 청설모를 쫓아다니고 있었습니다. 도로시는 일어나서 주위를 둘러보았습니다. 그곳에는 여전히 구석에 서서 그녀를 기다리고 있는 허수아비가 있었습니다.

"우리는 가서 물을 찾아야 해요." 도로시가 허수아비에게 말했습니다.

"물은 왜 필요하신가요?" 허수아비가 물어보았습니다.

"걷느라 얼굴에 길에서 묻은 먼지를 씻어내야 하고, 마시기도 해야 하고, 그래야 마른 빵을 먹을 때 목에 걸리지 않겠지요." 도로시가 허수아비에게 말했습니다.

"살로 이루어져 있는 것은 불편할 것 같습니다. 왜냐하면 자고, 먹고, 마셔야 하니까요. 하지만 당신은 뇌가 있고, 제대로 생각할 수 있다는 것은 그만큼의 가치가 있습니다."라고 허수아비가 사색에 잠겨 말했습니다.

그들은 오두막을 떠나 나무들 사이를 걸어가다가 맑은 물이 솟고 있는 작은 샘을 발견했습니다. 도로시는 거기서 물을 마시고, 닦고, 아침 식사를 하였습니다. 도로시는 바구니에 빵이 얼마 남지 않았음을 알았고, 허수아비가 아무것도 먹지 않아도 된 것에 감사했습니다. 왜냐하면 그날 자신과 토토가 먹을 만큼의 양도 충분하지 않았기 때문입니다.

식사를 마치고 노란 벽돌 길로 돌아가려던 도로시는 가까운 곳에서 심각한 신음 소리를 듣고 깜짝 놀랐습니다.

"그게 무슨 소리였죠?" 도로시가 겁먹은 목소리로 물어보았습니다.

"뭔지는 모르겠지만, 우리는 가서 확인해 봐야 할 것 같습니다." 허수아비가 대답했습니다.

방금 또 다른 신음 소리가 들렸고, 그 소리는 그들의 뒤에서 나는 것 같았습니다. 그들은 돌아서서 숲을 몇 걸음 걸어 들어갔고, 그때 도로시는 나무 사이로 햇빛에 반짝이는 무언가를 발견했습니다. 도로시는 그곳으로 달려가다가 놀라서 작은 비명을 내지르고 멈춰 섰습니다.

큰 나무 중 하나가 일부 잘려 있었고, 그 옆에는 양철로 만들어진 남자가 손에 도끼를 들어 올리고 서 있는 것이었습니다. 그의 머리와 팔과 다리는 몸에 연결되어 있었지만, 전혀 움직일 수 없는 것처럼 완전히 꼼짝 못하고 서 있었습니다.

도로시는 양철 나무꾼을 놀라운 눈으로 바라보았고, 허수아비도 마찬가지였습니다. 그러나 토토는 날카롭게 짖으며 양철 나무꾼의 다리를 꽉 물어보았지만, 자기의 이만 아팠습니다.

"신음 소리를 내셨나요?"라고 도로시가 물었습니다.

"네, 제가 그랬습니다. 저는 1년이 넘도록 신음해 왔습니다만, 그동안 누구도 저의 소리를 듣고 도와주러 오지 않았습니다." 양철 나무꾼이 대답했습니다.

"무엇을 도와드릴까요?" 도로시는 다정다감하게 물었습니다. 남자의 슬픈 목소리에 감정이 북받쳤기 때문입니다.

"기름통을 가져와서 내 관절에 기름을 부어 주십시오. 내 관절이 너무 심하게 녹슬어서 전혀 움직일 수가 없습니다. 기름이 부어지면 곧 다시 움직일 수 있을 것입니다. 내 오두막 선반에서 기름통을 찾을 수 있을 겁니다." 양철 나무꾼이 대답했습니다.

도로시는 즉시 오두막으로 달려가서 기름통을 찾았고, 돌아와서 염려하는 목소리로 물었습니다. "당신의 관절 어디에요?"

"먼저 내 목에 기름을 발라주세요."라고 양철 나무꾼이 대답했습니다. 그래서 도로시는 기름을 발라주었고, 꽤 심하게 녹이슬어 있어서 허수아비가 양철 머리를 잡고 좌우로 부드럽게 움직여서 자유롭게 움직일 수 있을 때까지 기름을 발라주었습니다. 그러자 양철 나무꾼은 스스로 돌릴 수 있게 되었습니다.

"이제는 내 팔의 관절에 기름을 발라주세요." 양철 나무꾼이

말했습니다. 그래서 도로시는 기름을 바르고 허수아비는 녹이 전혀 없어지고, 새것처럼 좋아질 때까지 조심스럽게 구부렸습니다.

양철 나무꾼은 만족스러운 한숨을 쉬고 들고 있던 도끼를 내려 나무에 기대어 놓았습니다.

"이제 상당히 편안해 졌습니다. 나는 녹이 슬었을 때부터 도끼를 계속 공중에 들고 있었는데, 드디어 그 도끼를 내려놓을 수 있게 되어 기쁩니다. 이제는, 여러분이 내 다리 관절에 기름을 발라 주신다면, 나는 다시 한 번 더 괜찮아질 것 같습니다."라고 양철 나무꾼이 말했습니다.

도로시와 허수아비는 양철 나무꾼의 다리에 기름을 발라주어 자유롭게 움직일 수 있도록 해 주었고, 양철 나무꾼은 자신을 자유롭게 움직일 수 있게 해 준데 대해 몇 번이나 되풀이해서 감사를 표했습니다. 양철 나무꾼은 매우 예의 발라 보였고, 고마워할 줄 아는 것처럼 보였습니다.

"여러분이 오지 않았다면 저는 항상 거기에 서 있었을 것입니다. 그래서 여러분은 확실히 제 생명을 구한 것이지요. 그런데 어떻게 여기 계시게 되셨나요?" 양철 나무꾼이 말했습니다.

"우리는 위대한 오즈를 만나러 에메랄드 시로 가는 중입니다. 지난밤을 보내기 위해 양철 나무꾼님의 오두막에 묵게 되었습니다." 도로시가 대답했습니다.

"왜 오즈를 만나고 싶으신가요?" 양철 나무꾼이 물었습니다.

"나는 오즈의 마법사가 나를 캔자스로 돌려보내주었으면 하는 바람이고, 허수아비는 그의 머리에 뇌를 집어넣어주기를 바라지요." 도로시가 대답했습니다.

양철 나무꾼은 잠시 깊게 생각하는 것처럼 보였습니다. 그러고 나서 말했습니다.

"오즈가 혹시 나에게도 심장을 줄 수 있을까요?"

"예, 그렇게 생각합니다. 허수아비에게 뇌를 주는 것만큼이나 쉬울 것 같은데요." 도로시가 대답했습니다.

"맞습니다. 그러니 제게 여러분과 함께 갈 수 있도록 허락해 주신다면, 저도 에메랄드 시에 가서 오즈에게 심장을 달라고 요청해 볼 수 있을 것 같습니다." 양철 나무꾼이 말했습니다.

"함께 가세요."라고 허수아비가 진심으로 말했고, 도로시는 양철 나무꾼의 동행이 기쁘다고 덧붙였습니다. 그래서 양철 나무꾼은 도끼를 어깨에 메고 모두 숲을 지나 노란 벽돌로 포장된 길로 나오게 되었습니다.

양철 나무꾼은 도로시에게 기름통을 그녀의 바구니에 넣어 달라고 요청했습니다. "내가 비에 맞아 다시 녹이 슬게 되면, 움직일 수 없기 때문에 기름통이 꼭 필요합니다." 양철 나무꾼이 말했습니다.

새로운 여행 동료가 합류한 것은 아주 좋은 행운이었습니다. 그들이 다시 여행을 시작한 후 곧 나무와 가지가 도로 위에 너무 빽빽하게 자라나 있어서 뚫고 지나갈 수 없는 장소에 도착했습니다. 하지만 양철 나무꾼이 도끼로 작업을 시작하여 나무와 가지를 아주 잘 쳐서 곧 전체 일행이 지나갈 수 있도록 통로를 열어주었기 때문입니다.

도로시가 길을 걷는 동안 너무 진지하게 생각에 잠겨 있었던 탓에 허수아비는 구덩이에 발을 헛디뎌서 넘어져 노란 벽돌 길가로 굴러가는 것을 알아차리지 못했습니다. 실제로 허수아비는 다시 일어날 수 있도록 도로시에게 도움을 요청해야 했습니다.

"왜 구덩이를 피해 옆으로 돌지 않았나요?"라고 양철 나무꾼이 말했습니다.

"저는 충분히 알지 못합니다. 제 머리는 지푸라기로 가득 차 있습니다. 아시죠, 그래서 제가 오즈에게 가서 똑똑한 뇌를 요청하려고 합니다."라고 허수아비가 기쁜 마음으로 대답했습니다.

"아, 알겠습니다. 하지만 반드시, 뇌가 세상에서 가장 좋은 것은 아닙니다."라고 양철 나무꾼이 말했습니다.

"혹시 뇌를 가지고 계십니까?"라고 허수아비가 물었습니다.

"아니요, 제 머리는 텅 비어 있습니다. 하지만 한때 저는 뇌와 심장을 가졌었습니다. 그래서 둘 다 사용해본 결과, 저는 차라리 심장을 갖고 싶습니다."라고 나무꾼이 대답했습니다.

"그 이유는 무엇인가요?" 허수아비가 물었습니다.

"제 이야기를 말씀드릴게요, 아마도 저의 선택을 이해하게 될 겁니다."

그래서 그들이 숲을 지나면서 양철 나무꾼은 이야기를 시작했습니다.

"저는 숲에서 나무를 베어 목재를 팔아 생계를 이어가던 나무꾼의 아들로 태어났습니다. 성장한 후 저도 아버지처럼 나무를 베는 사람이 되었고, 아버지가 돌아가신 후에는 어머니가 살아 계시는 동안은 어머니를 돌봐드리면서 함께 살아가고 있었습니다. 어머니마저 돌아가신 후에는 혼자 외로워지지 않기 위해서 결혼하기로 결심하였습니다."

"먼치킨 가의 한 아가씨가 있었는데, 그 아가씨가 너무 아름다워서 나는 곧 그 아가씨를 매우 사랑하게 되었습니다. 그녀는 내가 더 좋은 집을 지을 수 있을 만큼 충분한 돈을 버는 대로 나와 결혼하겠다고 약속했습니다. 그래서 나는 그 어느 때보다도 열심히 일하기로 마음먹었습니다. 그러나 그 아가씨는 늙은 여인과 함께 살았는데, 그 늙은 여인은 너무 게을러서 그 아가씨가 남아서 그녀와 함께 살면서 요리와 집안일을 계속 하기를 바랐습니다. 그래서 늙은 여인은 동쪽 나라의 나쁜 마녀에게 가서 결혼을 막아준다면 양 두 마리와 소 한 마리를 주겠다고 약속했습니다. 그러자 나쁜 마녀가 내 도끼에 마법을 걸었고, 어느 날 내가 가능한 한 빨리 새 집과 아내를 얻고 싶어 최선을 다해 도끼질을 하고 있을 때, 도끼가 내 손에서 미끄러지면서 내 왼쪽 다리를 찍고 말았습니다."

"처음에는 이것이 큰 불행처럼 보였고, 나는 오른쪽 다리 하나만으로는 나무를 자르는 데 별로 도움이 되지 않을 것 같았습니다. 그래서 나는 양철공에게 가서 양철로 새로운 왼쪽 다리를 만들어 달라고 했습니다. 왼쪽 다리는 내가 익숙해지자 잘 움직였습니다. 그러나 내가 왼쪽 다리를 다시 잘 움직일 수 있게 되자 동쪽 나라의 나쁜 마녀가 매우 화를 냈습니다. 그녀는 늙은 여인에게 내가 예쁜 먼치킨 아가씨와 결혼하지 못하게 하겠다고 약속했기 때문입니다. 내가 다시 나무를 자르기 시작했을 때, 도끼가 내 손에서 미끄러지면서 이번에는 내 오른쪽 다리를 찍고 말았습니다. 나는 다시 양철공에게 갔고, 다시 새로운 오른쪽 다리를 얻게 되었습니다. 이후에는 마법에 걸린 도끼가 내 팔을 하나씩 찍어냈지만, 나는 전혀 두려워하지 않고 그것들을 새로운 양철로 교체했습니다. 그렇게 되자 나쁜 마녀가 도끼를 내 손에서 미끄러지게 하여 내 머리를 찍어 내게 했고, 처음에는 이것으로 나는 끝장난 줄 알았습니다. 그러나 우연히 양철공이 지나가면서 나를 발견하고는 양철로 내 새 머리를 만들어 주었습니다."

"나는 그때만 해도 나쁜 마녀를 이겼다고 생각했고, 그래서 그 어느 때보다 더 열심히 일했습니다. 하지만 나쁜 마녀가 얼마나 잔인할 수 있는지 몰랐습니다. 그녀는 아름다운 먼치킨 아가씨에 대한 나의 사랑하는 마음을 없앨 새로운 방법을 생각해냈고, 다시 한 번 도끼를 내 손에서 미끄러뜨려 내 몸통을 가로로 두 동강이 나게 쪼갰습니다. 이번에도 다시 한 번, 양철공이 나에게 도움을 주어 나를 양철로 만든 후, 나의 양철 팔과 다리, 머리를 관절로 붙여 예전처럼 자유롭게 움직일 수 있게 해주었습니다. 그러나 안타깝게도 나는 이제 심장이 없어서 먼치킨 아가씨에 대한 나의 모든 사랑을 잃었고, 그녀와 결혼하든 말든 상관하지 않게 되었습니다. 아마도 그 아가씨는 여전히 그 늙은 여인과 함께 살고 있으며, 내가 그녀를 찾아오기를 기다리고 있을 것입니다."

"내 몸은 태양 아래에서 매우 밝게 빛나서 나는 내 몸이 매우 자랑스러웠고, 도끼가 아무리 미끄러지더라도 상관없었습니다. 왜냐하면 이제는 도끼가 나를 베지 못할 것이기 때문입니다. 나의 유일한 위험은 내 관절이 녹슬 수 있다는 것입니다. 그래서 나는 기름통을 내 오두막에 두고 필요할 때마다 스스로 기름칠을 했던 것입니다. 그러나 하루는 내가 기름 바르는 것을 잊어버렸고, 폭우에 쏟아져서, 관절이 녹스는 것을 생각하기도 전에 이미 내 관절이 녹슬어 굳어졌고, 나는 여러분이 도와주러 올 때까지 숲에 서 있을 수밖에 없었습니다. 지금까지 겪은 일도 끔찍하지만, 내가 그곳에 서 있는 동안 곰곰이 생각해보니 나는 내가 겪었던 가장 큰 슬픔은 내 심장을 잃어버린 것이라는 사실이었습니다. 사랑에 빠져 있을 때 나는 세상에서 가장 행복한 남자였지만, 심장이 없는 사람은 사랑할 수 없기 때문에 나는 오즈에게 나에게 심장을 주기를 요청하기로 결심했습니다. 만약 그가 내게 심장을 준다면, 나는 다시 먼치킨 아가씨에게 돌아가서 그녀와 결혼할 것입니다."

도로시와 허수아비는 양철 나무꾼의 이야기를 집중해서 진지하게 들었고, 이제 그가 왜 새 심장을 갖고 싶어 하는지 알게 되었습니다.

"어쨌든, 나는 심장 대신에 뇌를 달라고 할 겁니다. 바보는 심장을 가진다 해도 그것으로 무엇을 해야 할지 모를 것이기 때문입니다." 허수아비가 말했습니다.

"나는 심장을 달라고 할 겁니다. 왜냐하면 뇌는 사람을 행복하게 하지 않으며, 행복이 세상에서 가장 좋은 것이기 때문입니다." 라고 양철 나무꾼이 말했습니다.

도로시는 아무 말도 하지 않았습니다. 왜냐하면 그녀는 자신의 두 친구 중 누구의 말이 맞는지 알 수 없었기 때문입니다. 그리고 도로시는 만약 자신이 캔자스와 엠 아줌마에게 돌아갈 수 있다면, 나무꾼이 뇌가 없거나 허수아비가 심장이 없거나, 아니면 각자가 원하는 것을 얻는 것이 그다지 중요하지 않다고 생각했습니다.

도로시를 가장 걱정하게 만드는 것은 빵이 거의 없다는 것이었습니다. 자신과 토토를 위한 음식이 바구니에서 거의 비워져 있다는 점이었습니다. 물론 나무꾼이나 허수아비는 먹을 것이 필요하지 않겠지만, 그녀는 양철이나 지푸라기로 만들어진 것이 아니기 때문에 먹지 않으면 살 수 없었습니다.

제6장
용기가 없는 겁쟁이 사자

그동안 도로시와 친구들은 울창한 숲속을 걸어왔습니다. 길은 여전히 노란 벽돌로 포장되어 있었지만, 마른 나뭇가지와 나무에서 떨어진 낙엽들이 너무 많이 쌓여 있어서 걷기가 많이 힘들었습니다.

새들은 햇살이 풍부한 탁 트인 곳을 좋아하기 때문에 이 숲에는 새를 거의 찾아볼 수 없었습니다. 그러나 가끔 나무 사이에 깊게 숨은 야생 동물들의 으르렁거림이 들려왔습니다. 도로시는 이러한 소리가 들릴 때마다 무엇인지 몰라서 심장을 두근두근했습니다. 하지만 토토는 뭔가를 알았는지, 도로시의 곁에 바싹 붙어서 걸어갔으며, 심지어 짖지도 않았습니다.

"숲을 벗어나려면 얼마나 더 가야할까요?" 도로시가 양철 나무꾼에게 물었습니다.

"저는 에메랄드 시에 가본 적이 없어서 모르겠습니다. 하지만 제 아버지는 제가 어렸을 때 한 번 그곳에 가셨었고, 그곳은 위험한 곳들을 지나야 하는 긴 여정이라고 하셨습니다. 그러나 오즈가 살고 있는 에메랄드 시에 가까워질수록 아름답다고 합니다. 하지만 저는 기름통이 있는 한 두렵지 않습니다. 허수아비도 아무런 상처를 입지 않을 것입니다. 당신은 이마에 착한 마녀의 입맞춤의 표식이 있으니, 그것이 당신을 보호해 줄 것입니다."라고 양철 나무꾼이 대답했습니다.

"하지만 토토! 토토는 어떻게 보호할 수 있죠?" 도로시가 초조하게 말했습니다.

"토토가 위험에 처했을 경우, 우리들이 보호해줘야죠."라고 양철 나무꾼이 대답했습니다.

양철 나무꾼이 대답하자마자 숲에서 커다란 포효가 들렸고, 그 다음 순간 커다란 사자가 노란 벽돌 길로 뛰어들어 왔습니다. 사자가 발로 한 번 내리치자 허수아비가 빙빙 돌다가 굴러서 길 가장자리로 나가떨어졌고, 이어서 사자는 날카로운 발톱으로 양철 나무꾼을 공격했습니다. 하지만 사자는 양철에 아무런 흔적이 남지 않는 것에 놀랐습니다. 양철 나무꾼은 길에 넘어져 움직이지 못하고 누워 있었습니다.

토토는 이제 정면으로 마주해야 할 적이 생기자 짖으면서 사자를 향해 뛰어갔고, 커다란 사자는 개를 물기 위해 입을 벌렸습니다. 그러자 도로시는 토토가 죽을까봐 두려워하면서도 위험을 무릅쓰고 앞으로 달려 나가 최대한 힘껏 사자의 코를 때리며 외쳤습니다.

"토토를 물지 말아요! 당신 같은 커다란 짐승이 가엾은 작은 개를 물다니, 정말 부끄러운 생각이 안 드나요?"

"나는 그를 물지 않았습니다." 도로시가 가격한 콧등을 발로 문지르면서 사자가 말했습니다.

"아니요, 하지만 당신은 물려고 했잖아요. 당신은 그저 덩치 커다란 겁쟁이에 불과해요." 도로시가 반박했습니다.

"알고 있습니다. 항상 알고 있었습니다. 하지만 내가 어떻게 할 수 있겠습니까?" 사자가 고개를 숙이며 부끄러운 표정을 지으며 말했습니다.

"정말 모르겠습니다. 불쌍한 지푸라기 허수아비나 때리는 것을 생각하다니!"

"그가 지푸라기로 채워진 허수아비라고요?"라고 사자가 놀란 목소리로 물었습니다. 사자는 도로시가 허수아비를 들어 올려 다시 세우고, 허수아비 모양을 제대로 고쳐주는 것을 지켜보고 있었습니다.

"물론 그는 지푸라기로 채워진 허수아비라고요."라고 대답한 도로시는 여전히 화가 나 있었습니다.

"그래서 그가 그렇게 쉽게 넘어진 것이었군요. 그가 그렇게 회전하는 모습을 보니 저 역시 많이 놀랐습니다. 저기 다른 것도 허수아비입니까?" 사자가 말했습니다.

"아니요. 그는 양철로 만들어졌어요."라고 도로시가 말하면서,
양철 나무꾼이 일어날 수 있도록 도왔습니다.

"그래서 내 발톱이 거의 뭉툭해질 뻔했군요. 나의 발톱이 양철을 긁을 때 나의 등줄기에서 차가운 전율이 느껴졌습니다. 당신이 그렇게 애지중지하는 저 작은 동물은 무엇입니까?" 사자가 말했습니다.

"나의 개예요, 토토." 도로시가 대답했습니다.

"토토는 양철로 만들어졌나요? 아니면 지푸라기로 가득 들어 있나요?" 사자가 물었습니다.

"아니에요! 그는-그는-살이 있는 개예요."라고 도로시가 말했습니다.

"오! 참 특이한 동물입니다. 내가 그를 보니 정말 작아 보입니다. 나처럼 겁쟁이 사자가 아니라면, 이렇게 작은 것을 물겠다고 생각하지는 않을 것 같군요." 사자가 서글퍼하면서 말했습니다.

"당신을 겁쟁이로 만든 것은 무엇인가요?"라고 도로시가 물었습니다. 그녀는 망아지처럼 큰 야수를 신기하게 바라보았습니다.

"그것이 참 불가사의입니다. 저는 그렇게 겁쟁이로 태어난 것 같습니다. 숲에 있는 다른 모든 동물들은 자연스럽게 제가 용감할 거라고 기대합니다. 사자는 어디에서나 짐승들의 왕으로 생각하기 때문이죠. 제가 매우 크게 포효하면 모든 생물이 두려워하고 제 길을 비켜 간다는 것을 배웠습니다. 제가 사람을 만날 때마다 무척 두려웠지만, 그에게 포효하면 그는 항상 엄청 빨리 도망쳤습니다. 코끼리와 호랑이, 곰이 저와 싸우려 했다면 저는 무서워서 스스로 도망쳤을 것입니다. 저는 정말 겁쟁이니까요. 그러나 그들이 제가 포효하는 소리를 듣자마자 모두 저에게서 도망치려고 합니다. 물론 저는 그들이 가도록 내버려두죠." 사자가 대답했습니다.

"하지만 그것은 아닙니다. 짐승의 왕은 겁쟁이가 되어서는 안 됩니다."라고 허수아비가 말했습니다.

"알고 있습니다. 그것이 저의 큰 슬픔이며, 저의 삶을 매우 불행하게 만드는 것입니다. 하지만 위험이 닥칠 때마다 저의 심장은 빠르게 뛰기 시작합니다." 사자가 대답하며 꼬리 끝으로 눈물을 닦았습니다.

"어쩌면 당신은 심장병이 있을지도 모릅니다."라고 양철 나무꾼이 말했습니다.

"그럴 수도 있습니다." 사자가 말했습니다.

"당신이 심장병을 가지고 있다면, 당신은 기뻐해야 합니다. 왜냐하면 그것은 당신이 심장을 가지고 있다는 것이니까요. 제 경우에는, 심장이 없기 때문에 심장병에 걸릴 수도 없습니다." 양철 나무꾼이 말했습니다.

"아마도, 내게 심장이 없다면 나는 겁쟁이가 아닐 수도 있을 겁니다." 사자가 깊게 생각하고는 말했습니다.

"당신은 뇌가 있습니까?"라고 허수아비가 물었습니다.

"저는 한 번도 확인해 본 적이 없지만, 있을 것이라고 생각합니다." 사자가 대답했습니다.

"저는 위대한 오즈에게 가서 제게 뇌를 좀 달라고 요청할 것입니다. 왜냐하면 제 머리는 지푸라기로 채워져 있기 때문입니다." 허수아비가 말했습니다.

"저는 그에게 심장을 달라고 요청할 것입니다." 양철 나무꾼이 말했습니다.

"저는 그에게 토토와 저를 캔자스로 다시 보내달라고 요청할 것입니다."라고 도로시가 덧붙였습니다.

"오즈가 나에게 용기를 줄 수 있다고 생각하십니까?"라고 겁쟁이 사자가 물었습니다.

"그가 나에게 뇌를 줄 수 있는 것만큼 쉽게" 허수아비가 말했습니다.

"나에게 심장을 줄 수 있는 것만큼."이라고 양철 나무꾼이 말했습니다.

"캔자스로 나를 다시 보내줄 수 있는 것만큼."이라고 도로시가 말했습니다.

"그렇다면, 괜찮으시면 저도 함께 갈 수 있겠습니까? 제 삶에서 용기 없이는 도저히 참을 수 없기 때문입니다." 사자가 말했습니다.

"당신을 매우 환영합니다. 당신 덕분에 다른 사나운 맹수들을 쫓아낼 수 있을 테니까요. 그들이 당신에게 그렇게 쉽게 겁을 먹는다면 당신보다 더 겁쟁이여야 할 것 같네요."라고 도로시는 대답했습니다.

"정말 그렇습니다. 하지만 그렇다고 제가 더 용감하게 되는 것은 아니지요. 제 스스로가 겁쟁이인걸 알고 있는 한 저는 행복하지 않습니다." 사자가 말했습니다.

그렇게 해서 일행은 다시 여행을 계속 떠났고, 사자는 도로시의 곁에서 위엄 있게 걸었습니다. 토토는 처음에 이 새로운 동료인 사자를 동료로써 인정하지 않았습니다. 왜냐하면 그는 사자의 커다란 입에 물릴 뻔했던 사실을 잊을 수 없었기 때문입니다. 그러나 시간이 지나면서 그는 점점 더 편안함을 느끼고, 이내 토토와 겁쟁이 사자는 좋은 친구가 되었습니다.

이후의 시간 동안은 그들의 여행이 평화로웠습니다. 사실, 양철 나무꾼이 길을 따라 기어가고 있던 딱정벌레를 밟아 불쌍한 작은 생물을 죽였습니다. 이 사실이 양철 나무꾼을 매우 불행하게 만들었습니다. 왜냐하면, 양철 나무꾼은 항상 어떤 생명체도 해치지 않으려고 노력했기 때문입니다. 그는 걸어가면서 하염없이 슬픔과 후회의 눈물을 흘렸습니다. 이 눈물은 그의 얼굴을 따라 천천히 흘러 그의 턱의 관절 위로 떨어졌고, 그곳에서 녹이 슬었습니다. 도로시가 그에게 질문을 했을 때, 양철 나무꾼은 입을 열 수 없었습니다. 왜냐하면 그의 턱이 단단히 녹슬어 있었기 때문입니다. 그는 매우 두려워했고 도로시에게 그를 도와달라고 여러 가지 신호를 보냈지만, 도로시는 영문을 몰라 했습니다. 사자도 또한 무엇이 잘못되었는지 어리둥절해 했습니다. 그러나 허수아비는 도로시의 바구니에서 기름통을 꺼내서 양철 나무꾼의 턱에 기름을 발라주었습니다. 얼마 후 양철 나무꾼은 이전처럼 말을 할 수 있게 되었습니다.

"이번 사실이 나에게 큰 교훈이 될 것입니다. 나는 밟는 곳을 조심해야 합니다. 만약 내가 또 다른 벌레나 딱정벌레를 죽인다면 반드시 다시 울게 될 것이고, 울면 내 턱이 녹슬어 말을 할 수 없게 될 것입니다." 양철 나무꾼이 말했습니다.

그 후 양철 나무꾼은 길에 주의를 기울이며 매우 조심스럽게 걸었고, 작은 개미가 힘겹게 기어가는 것을 보았을 때는 그것을 해치지 않기 위해 발을 피해 걸었습니다. 양철 나무꾼은 자신에게 심장이 없다는 것을 잘 알고 있었기에, 결코 어떤 것에게도 잔인하거나 박정하게 대하지 않으려고 매우 조심했습니다.

"심장이 있는 여러분은, 당신들에겐 길잡이가 있는 것이며, 결코 실수하지 않으려고 노력할 필요가 없습니다. 하지만 저는 심장이 없기에 매우 조심해야 합니다. 물론 오즈가 저에게 심장을 준다면 그리 걱정하지 않아도 됩니다만." 양철 나무꾼이 말했습니다.

제7장

위대한 오즈를 향한 여행

도로시와 친구들은 근처에 집이 없었기 때문에 그날 밤 숲의 큰 나무 아래에서 야영할 수밖에 없었습니다. 나무는 이슬로부터 그들을 보호할 좋은 두툼한 천장이 되었고, 양철 나무꾼은 도끼로 나무를 많이 쪼개어 가져왔고, 도로시는 따뜻하게 해줄 불을 훌륭하게 지펴서 외로움을 덜 느끼게 해주었습니다. 도로시와 토토는 마지막 남은 빵을 먹었고, 이제 아침 식사로 무엇을 먹어야 할지 알 수 없었습니다.

"원하신다면, 제가 숲에 들어가서 사슴을 잡아와 드리겠습니다. 여러분의 취향이 매우 특이하여 음식을 익혀 먹는 것을 좋아하니까 불에 구워 드실 수 있을 겁니다. 그러면 아주 훌륭한 아침 식사를 하실 수 있을 것 같은데요." 사자가 말했습니다.

"하지 마세요! 제발 그러지 마세요. 당신이 불쌍한 사슴을 죽인다면 나는 분명히 눈물을 흘릴 것입니다. 그러면 내 턱은 다시 녹슬게 될 것이랍니다."라고 양철 나무꾼이 간청했습니다.

사자는 숲으로 가서 자신의 저녁꺼리를 찾아 해결했습니다. 그렇지만 사자가 무엇을 먹었는지 누구도 알지 못했습니다. 왜냐하면 그는 말이 없었기 때문입니다. 허수아비는 견과가 가득 달린 나무를 발견하고 도로시의 바구니에 가득 채워 넣어 그녀가 오랫동안 배고프지 않도록 해주었습니다. 도로시는 허수아비의 행동이 매우 친절하고 배려심이 있는 행동이라고 생각했지만, 허수아비가 견과를 주워 담는 모습이 우스꽝스러워서 마음껏 웃었습니다.

그의 지푸라기를 채워 넣은 손은 매우 서투르고 견과는 너무 작기 때문에 바구니에 담는 것보다 떨어뜨리는 것이 더 많았기 때문입니다. 하지만 허수아비는 바구니를 채우는 데 오랜 시간이 걸려도 개의치 않았습니다. 왜냐하면 불꽃이 그의 지푸라기 속으로 들어가 그를 태울까 두려워했기 때문에 불과 멀리 떨어질 수 있어서 안심이 되었습니다. 그래서 그는 불길에서 적당한 거리를 유지했고, 도로시가 자리에 누워 잠을 잘 때 마른 나뭇잎으로 그녀를 덮기 위해서만 가까이 다가갔습니다. 이 나뭇잎은 도로시를 매우 따뜻하고 포근하게 해주었으며, 그래서 도로시는 아침까지 깊이 잠들 수 있었습니다.

햇살이 비출 때, 도로시는 조그맣고 잔잔히 흐르는 시냇물로 얼굴을 씻었고, 곧 그들은 모두 에메랄드 시를 향해 출발했습니다.

이 날은 여행자들에게 파란만장한 날이 될 예정이었습니다. 그들이 걷기 시작한 지 한 시간도 채 되지 않았을 때, 그들 앞에는 길을 가로질러 숲을 양쪽으로 나누는 큰 도랑이 나타났습니다. 도랑은 매우 넓었고, 그들이 도랑 가장자리에 기어가서 물속을 들여다보았을 때 깊이 또한 매우 깊은 것을 볼 수 있었습니다. 물 밑바닥에는 크고 뾰족한 돌들도 많이 깔려 있었습니다. 도랑의 양쪽 기슭은 너무 가팔라서 그들 중 누구도 내려갈 수 없었고, 순간적으로 그들의 여행을 끝내야 할 것만 같았습니다.

"무엇을 해야 할까요?"라고 도로시는 절망적으로 물었습니다.

"전혀 아무 생각도 할 수 없습니다."라고 양철 나무꾼이 말하자 사자가 그의 덥수룩한 갈기를 흔들며 생각에 잠겼습니다.

그러자 허수아비가 이렇게 말했습니다. "분명한 사실은 우리가 날 수 없다는 것이고, 또한 우리는 이 큰 도랑으로 내려갈 수도 없습니다. 그래서 만약 우리가 이 도랑을 뛰어넘을 수 없다면, 우리는 지금 이 곳에서 여행을 멈춰야 합니다."

"이 도랑을 뛰어넘을 수 있을 것도 같은데요."라고 겁쟁이 사자가 마음속으로 거리를 신중하게 측정한 후에 말했습니다.

"그럼 우리는 모두 건널 수 있을 것 같아요. 왜냐하면 당신이 우리를 하나씩 등에 태워 도랑 건너편으로 옮겨줄 수 있으니까요." 허수아비가 대답했습니다.

"음, 제가 해보겠습니다. 그럼 누가 먼저 제 등에 탈 것인지요?"라고 사자가 말했습니다.

"제가 먼저 하겠습니다. 왜냐하면, 당신이 이 도랑을 넘을 수 없게 된다면, 도로시는 죽을 것이며 양철 나무꾼은 아래 바위에 떨어져 심하게 찌그러질 것입니다. 하지만 제가 당신의 등에 타고 있다면, 그렇게 큰 문제가 되지 않을 것입니다. 왜냐하면 저는 떨어져도 전혀 다치지 않기 때문입니다."라고 허수아비가 나서면서 말했습니다.

"나는 정말로 떨어지는 것이 두렵습니다. 하지만, 시도해 보는 것 외에는 방법이 없다고 생각합니다. 그러니 내 등에 올라타고 시도해 보기로 합시다."라고 겁쟁이 사자가 말했습니다.

허수아비는 사자의 등에 탔고, 사자는 도랑의 가장자리를 향해 걸어가서 웅크리고 앉았습니다.

"왜 달려와서 점프하지 않나요?"라고 허수아비가 물었습니다.

"우리 사자들은 그런 방식으로 점프하지 않습니다."라고 사자가 대답했습니다. 그리고는 크게 도약을 하여 공중을 가로 질러 안전하게 반대편 도랑가에 착지했습니다. 그들은 그가 너무 쉽게 도랑을 건너는 것을 보고는 매우 기뻐했으며, 허수아비가 사자의 등에서 내려가자 사자는 다시 원래의 도랑으로 넘어왔습니다.

도로시는 자신이 다음 차례라고 생각했습니다. 그래서 토토를 끌어안고 사자의 등에 올라타 한 손으로 그의 갈기를 단단히 붙잡았습니다. 다음 순간 도로시는 공중을 나는 듯한 기분이 들었습니다. 그리고 그것에 대해 생각할 시간도 없이 그녀는 안전하게 반대편 도랑가에 도착했습니다. 사자는 세 번째로 돌아가서 양철 나무꾼을 데려왔습니다. 그 다음 그들은 모두 잠시 앉아 사자가 쉴 기회를 주었습니다. 사자는 큰 도약을 여러 번 했기 때문에 숨이 가빠졌고, 그래서 너무 오랫동안 달린 거대한 개처럼 헐떡였습니다.

이쪽의 숲은 매우 빽빽해서 어둡고 음산하게 느껴진다는 것을 알았습니다. 사자가 쉬고 난 후, 그들은 노란 벽돌 길을 따라 출발하면서, 각자 마음속으로 숲을 빠져나가게 되면 다시 밝은 햇살을 만날 수 있을지 조심스럽게 불안해했습니다. 곧 숲 깊은 곳에서 이상한 소리가 들렸고, 그들의 불안함은 더욱 극에 달했습니다. 사자는 그들에게 이 지역에 칼리다들이 살고 있다고 속삭였습니다.

"칼리다는 무엇인데요?" 도로시가 물었습니다.

"칼리다들은 곰과 같은 몸에 호랑이 같은 머리를 가진 괴물 같은 짐승들입니다. 그리고 그들의 발톱은 매우 길고 날카로워서 내가 토토를 죽일 수 있는 것처럼 쉽게 나를 둘로 찢을 수 있습니다. 나는 칼리다가 무섭습니다." 사자가 대답했습니다.

"사자님이 그러는 것도 놀랄 일이 아니네요. 그들은 끔찍한 야수임에 틀림없겠는걸요."라고 도로시가 대답했습니다.

사자가 답변하려던 중에 갑자기 그들은 길 건너에 또 다른 도랑에 도달했습니다. 그러나 이 도랑은 매우 넓고 깊어서 사자는 이내 그것을 뛰어넘을 수 없다는 것을 알았습니다.

그래서 그들은 무엇을 해야 할지 고민하기 위해 앉았고, 심사숙고한 끝에 허수아비가 말했습니다.

"여기 도랑에 가까이 서 있는 큰 나무가 있습니다. 만약 양철 나무꾼님이 그것을 베어 그 나무가 다른 쪽으로 넘어지게 할 수 있다면, 우리는 그 위를 쉽게 건너갈 수 있습니다."

"최고의 아이디어입니다. 당신 머릿속에 지푸라기 대신 뇌가 있다는 의혹을 불러일으킬 정도인걸요." 사자가 말했습니다.

나무꾼은 즉시 작업을 시작했고, 그의 도끼는 너무 날카로워서 나무가 곧 거의 잘려나가게 되었습니다. 그러자 사자는 그의 강한 앞다리를 나무에 대고 온 힘을 다해 밀었고, 천천히 큰 나무가 기울어져 맞은편 도랑 위로 커다란 굉음을 내며 쓰러졌으며, 그 나무의 윗부분에 있는 나뭇가지가 반대편에 닿아 있었습니다.

그들이 이 기묘한 다리를 건너기 시작했을 때, 날카로운 으르렁거림에 모두 고개를 들었고, 곰처럼 몸집이 크고 호랑이처럼 머리를 가진 두 개의 거대한 짐승이 그들에게 달려오고 있는 것을 보고 공포에 떨었습니다.

"칼리다입니다!"라고 겁쟁이 사자가 말하며 떨기 시작했습니다.

"빨리! 우리가 빨리 건너갑시다." 허수아비가 외쳤습니다.

그래서 도로시가 먼저 토토를 품에 안고 가고, 그 뒤를 따라 양철 나무꾼이 갔으며, 그 다음에는 허수아비가 따라갔습니다. 사자는 많이 두려워했지만 칼리다를 향해 돌아섰고, 매우 크고 무서운 포효를 내질렀습니다. 그 소리에 도로시는 비명을 질렀고 허수아비는 뒤로 넘어졌으며, 맹수들조차도 멈춰서 그를 놀라운 눈으로 바라보았습니다.

하지만 그들이 사자보다 더 크고 두 마리임을 상기하며 그가 한 마리임을 보았을 때, 칼라다들이 다시 앞으로 돌진했고, 사자는 나무를 가로질러 넘어가서 그들이 다음에 어떻게 할지 지켜보았습니다. 단 한 순간도 멈추지 않고 사납고 맹렬한 짐승들은 나무다리를 건너오기 시작했습니다. 사자는 도로시에게 이렇게 말했습니다.

"우리는 틀렸어요. 칼라다들은 분명히 그들의 날카로운 발톱으로 우리를 조각조각 찢어버릴 것입니다. 하지만 저에게 가까이 서세요. 제가 살아 있는 한 그들과 맞서 싸우겠습니다."

"잠깐 기다려 주세요!"라고 허수아비가 말했습니다. 그는 무엇을 해야 할지 생각하고 있었고, 이제 그는 나무꾼에게 도랑의 그들 쪽에 놓여 있는 나무의 끝을 잘라내 줄 것을 요청했습니다. 양철 나무꾼은 바로 도끼로 나무의 끝을 찍어 내기 시작했고, 두 칼리다가 거의 건너고 있을 때 나무가 "쾅"하고 깊은 도랑으로 떨어졌으며, 추악하고 으르렁거리는 짐승들도 함께 떨어져 깊은 바닥의 날카로운 바위에 부딪혀 산산조각이 났습니다.

"음, 우리가 조금 더 살게 될 것 같군요. 기쁘네요, 죽는 것이 얼마나 불편한 일인지 모릅니다. 칼리다가 너무 무섭게 해서 아직도 제 심장이 두근두근 거리고 있습니다." 겁쟁이 사자가 안도의 한숨을 내쉬며 말했습니다.

"아, 내가 그렇게 뛰는 심장이 있었으면 좋았을 텐데." 멋진 양철 나무꾼이 슬프게 말했습니다.

이번 모험은 도로시와 친구들이 숲에서 빠져나가고 싶어 하는 불안을 더욱 커지게 만들었고, 그들은 너무 빨리 걸어 다녀서 도로시가 지치고 피곤해져서 사자의 등에 타야만 했습니다. 그들이 나아갈수록 나무는 점점 더 줄어들었고, 오후쯤 되어서는 갑자기 그들 앞에 물살이 빠른 넓은 강이 나타났습니다. 물의 반대편에서 그들은 아름다운 나라를 가로지르는 노란 벽돌 길을 볼 수 있었고, 녹색 초원에는 눈부신 꽃들이 만발해 있었으며, 그 길을

따라 맛있는 과일로 가득 찬 나무들이 늘어서 있었습니다. 그들
은 정말 기분 좋은 시골 풍경을 보게 되어 매우 기뻤습니다.

"어떻게 강을 건너지요?"라고 도로시가 물었습니다.

"그것은 쉽습니다. 양철 나무꾼이 우리를 위해 뗏목을 만들면, 그것으로 우리는 다른 쪽으로 떠갈 수 있습니다."라고 허수아비가 대답했습니다.

그리하여 나무꾼은 도끼를 들고 작은 나무들을 베어 뗏목을 만들기 시작했습니다. 그러는 중에 허수아비는 강둑에서 맛있는 과일이 열린 나무를 발견했습니다. 이는 하루 종일 견과류만 먹은 도로시를 기쁘게 했고, 도로시는 잘 익은 과일로 푸짐한 식사를 했습니다.

하지만 부지런하고 지칠 줄 모르는 양철 나무꾼이라도 뗏목을 만드는 일은 시간이 꽤 걸렸고, 뗏목이 다 완성되기도 전에 밤이 오고 말았습니다. 그래서 그들은 나무 아래 아늑한 곳을 찾았고, 그곳에서 아침이 될 때까지 편안하게 단잠을 잤습니다. 그리고 도로시는 에메랄드 시와 그녀를 곧 자신의 집으로 다시 보내줄 착한 마법사 오즈에 대한 꿈을 꾸었습니다.

8장
치명적인 양귀비꽃밭

다음 날 아침, 도로시와 친구들은 상쾌하고 희망으로 가득 차서 깨어났고, 도로시는 강가의 나무에서 따온 복숭아와 자두로 공주처럼 아침식사를 하였습니다. 그들 등 뒤에는 안전하게 지나온 어두운 숲이 있었고, 많은 좌절도 경험했지만, 그들 앞에는 에메랄드 시로 이끌어 주는 것처럼 보이는 아름답고 햇살 가득한 시골 풍경이 있었습니다.

확실히, 넓은 강이 지금 우리를 이 아름다운 땅과 단절시키고 있지만, 뗏목은 거의 완성되었고, 양철 나무꾼이 몇 개의 통나무를 더 자르고 나무못으로 단단히 고정한 후, 그들은 출발할 준비가 되었습니다. 도로시는 토토를 품에 안고 뗏목 가운데 앉아 있었습니다. 크고 무거운 겁쟁이 사자가 뗏목 위에 올라서자 뗏목이 심하게 기울었습니다. 하지만 허수아비와 양철 나무꾼이 반대쪽 끝에 올라서서 뗏목을 안정시켰고, 긴 장대를 물속으로 깊이 넣고 강 쪽으로 뗏목을 밀었습니다.

처음에는 꽤 잘 강 쪽으로 가고 있었지만, 그들이 강 한가운데에 도달했을 때 빠른 물살이 뗏목을 아래로 밀어내어 노란 벽돌 길에서 점점 더 멀어지게 했습니다. 그리고 강 한가운데의 물이 얼마나 깊은지 긴 장대가 바닥에 닿지도 않았습니다.

"이거 안 좋은데요, 왜냐하면 우리가 강을 건너 땅에 도착하지 못한다면, 우리는 서쪽의 나쁜 마녀의 나라로 흘러들어가게 되고, 그녀는 우리를 마법을 걸어 노예로 만들 것입니다."라고 양철 나무꾼이 말했습니다.

"그러면 나는 뇌를 얻지 못할 텐데."라고 허수아비가 말했습니다.

"나는 용기를 얻지 못할 텐데."라고 겁쟁이 사자가 말했습니다.

"나는 심장을 얻지 못할 텐데."라고 양철 나무꾼이 말했습니다.

"나는 결코 캔자스로 돌아가지 못할 텐데."라고 도로시가 말했습니다.

"우리는 반드시 에메랄드 시에 가야 합니다." 허수아비가 계속 말하며, 그의 긴 장대를 너무 힘껏 밀어서 강바닥의 굳은 퇴적물에 박히고 말았습니다. 긴 장대를 다시 빼내기 전에 뗏목이 쓸려 내려 가버렸고, 결국 불쌍한 허수아비는 강 한가운데에서 막대에 대롱대롱 매달린 채 남게 되었습니다.

"안녕히 가세요!" 허수아비가 일행들을 부르며 말했고, 일행들은 허수아비를 떠나서 매우 미안해했습니다. 사실, 양철 나무꾼은 울기 시작했지만, 다행히도 그가 녹이 슬 수 있다는 것을 기억

하고는 바로 도로시의 앞치마에 눈물을 닦았습니다.

물론 이것은 허수아비에게 불행한 일이었습니다. 허수아비는 생각했습니다.

'나는 지금 도로시를 처음 만났을 때보다 더 나쁜 상황이다. 그때 나는 옥수수 밭의 기둥에 꽉 붙어 있어서 최소한 까마귀를 겁먹게 하는 척 할 수 있었다. 하지만 분명히 강 한가운데 기둥에 매달려 있는 허수아비는 아무짝에도 쓸모가 없다. 결국 나는 결코 뇌를 얻지 못할 것 같아 두렵다!'

가엾은 허수아비를 뒤에 멀리 남겨둔 채, 뗏목은 하류로 떠내려갔습니다. 그러자 사자가 말했습니다.

"우리는 허수아비를 구하기 위해 뭔가를 해야만 합니다. 내가 강가로 헤엄을 쳐서 가겠습니다. 여러분이 제 꼬리 끝을 꽉 잡고만 있다면, 뗏목은 우리를 따라올 겁니다."

그렇게 해서 사자는 물속으로 뛰어들었고, 양철 나무꾼은 사자의 꼬리를 단단히 잡았습니다. 사자는 있는 힘껏 강가 쪽으로 헤엄치기 시작했습니다. 사자는 덩치가 크지만, 여간 힘든 일이 아니었습니다. 그래도 마침내 그들은 점점 현재의 급류에서 벗어났고, 도로시도 그들을 돕기 위해 양철 나무꾼의 긴 장대를 가지고 배를 육지로 밀어주었습니다.

그들은 마침내 강가에 도착하자 모두 너무 피곤하여 예쁜 녹색 잔디 위에 발을 내딛었습니다. 그들은 물살에 밀려서 에메랄드 시로 이어지는 노란 벽돌 길이 훨씬 멀어져 있다는 것을 알았습니다.

"우리는 이제 뭘 해야죠?"라고 양철 나무꾼이 물었습니다. 사자가 풀밭에 누워 햇볕에 젖은 몸을 말리려고 했습니다.

"어떤 방법으로든 우리는 에메랄드 시로 이어져 있는 노란 벽돌 길로 돌아가야 해요."라고 도로시가 말했습니다.

"노란 벽돌 길에 이르게 될 때까지 강가를 따라 계속 걸어가는 것이 가장 좋은 계획일 것 같습니다."라고 사자가 말했습니다.

그들이 어느 정도 쉰 후, 도로시는 바구니를 들고 그들은 강이 그들을 데리고 왔던 길로 풀밭 가장자리를 따라 거슬러 걸어 올라가기 시작했습니다. 그곳은 꽃과 과일 나무가 많고 햇살이 그들을 응원해 주는 듯한 아름다운 풍경이었습니다. 만약 불쌍한 허수아비의 애석한 일만 아니었다면 매우 행복할 수 있었을 것 같았습니다.

도로시가 아름다운 꽃을 집기 위해 한 번만 멈췄을 뿐, 그들은 되도록 빠른 걸음으로 걸어갔고, 그러다가 잠시 후, 양철 나무꾼이 외쳤습니다. "봐요!"

그때 그들은 모두 강을 바라보았고, 강의 중간에 있는 장대 위에 매달린 외롭고 슬퍼 보이는 허수아비를 보았습니다.

"우리가 허수아비를 어떻게 구할 수 있을까요?"라고 도로시가 물었습니다.

사자와 양철 나무꾼은 고개를 가로저었습니다. 그들은 구할 방법을 알 수 없었기 때문입니다. 그래서 그들은 강가에 앉아 허수아비를 애처롭게 바라보기만 할 뿐이었습니다. 그러던 중 황새 한 마리가 그들을 보고는 날아왔고, 강가에 내려앉았습니다.

"여러분은 누구이며 어디로들 가십니까?" 라고 황새가 물었습니다.

"저는 도로시입니다. 그리고 제 친구들인 양철 나무꾼과 겁쟁이 사자입니다. 우리는 에메랄드 시로 가고 있습니다." 도로시가 대답했습니다.

"에메랄드 시로 가는 길이 아닌데요."라고 황새가 말하며 긴 목을 비틀면서 이상하다는 듯 그 일행들을 날카롭게 바라보았습니다.

"저도 알고 있습니다. 하지만 우리는 허수아비와 떨어져버렸고, 그를 다시 어떻게 구해낼 수 있을지 고민하고 있습니다."라고 도로시가 대답했습니다,

"허수아비는 어디에 있나요?"라고 황새가 물었습니다.

"저기 강 중간에요."라고 도로시가 대답했습니다.

"허수아비가 너무 크지 않고 무겁지 않다면, 내가 그를 여러분에게 데려다 줄게요."라고 황새가 말했습니다.

"그는 조금도 무겁지 않아요. 왜냐하면 그는 지푸라기로 가득 차 있거든요. 그를 우리에게 데려다 주신다면, 우리는 정말로 감사할 거예요."라고 도로시가 간절하게 말했습니다.

"그래요? 한 번 해 보죠. 하지만 만약에 허수아비가 내가 들어 올리기에 너무 무거우면 다시 강에 떨어뜨려야 할지도 모릅니다."라고 황새가 말했습니다.

그렇게 해서 황새는 공중으로 날아올라 강을 넘어 허수아비가 장대 위에 있는 곳에 도달했습니다. 그런 다음 황새는 그의 큰 발톱으로 허수아비의 팔을 잡고 들어 올려 공중으로 날아가서 도로시와 사자와 양철나무꾼과 토토가 앉아 있는 강가로 돌아왔습니다.

허수아비는 다시 친구들 사이에 있게 되자, 너무 행복하여 사자와 토토를 포함한 모든 이들과 포옹했습니다. 그리고 함께 길을 걸어갈 때 걸음걸이마다 흥겨운 노래를 부르며 매우 즐거워했습니다.

"저는 영원히 강에 머물러 있어야 할까봐 두려웠습니다. 하지만 친절한 황새가 저를 구해주었습니다. 만약 제가 뇌를 얻게 된다면 다시 황새를 찾아가 나를 구해 준 은혜에 보답할 것입니다." 허수아비가 말했습니다.

　"괜찮습니다. 나는 항상 어려움에 처한 사람을 돕는 것을 좋아합니다. 하지만 이제 가봐야 합니다. 제 아기들이 둥지에서 저를 기다리고 있습니다. 에메랄드 시를 찾아 가서 오즈가 여러분을 도와주기를 바랍니다." 그들 곁에서 날고 있던 황새가 말했습니다.

"감사해요."라고 도로시가 대답했고, 친절한 황새는 공중으로 날아올라 곧 시야에서 사라졌습니다.

도로시와 친구들은 빛나는 색깔을 가진 새들의 지저귀는 노랫소리를 들으며, 무성해진 사랑스러운 꽃들을 바라보면서 걸어갔습니다. 커다란 노란색, 흰색, 파란색 및 보라색 꽃들이 있었고, 붉은 양귀비꽃의 큰 무리도 있었으며, 그 색깔은 너무 화려하여 도로시의 눈을 거의 멀게 할 정도였습니다.

"아름답지 않나요?" 도로시가 밝은 꽃의 향긋한 향기를 들이마시며 물었습니다.

"그렇다고 생각합니다. 내가 뇌가 있다면 아마 그것들을 더 좋아했을 것입니다." 허수아비가 대답했습니다.

"내가 심장만 있다면, 그것들을 사랑했을 겁니다."라고 양철나무꾼이 덧붙였습니다.

"나는 항상 꽃을 좋아했어요. 그들은 너무 무력하고 연약해 보입니다만 숲에서 이보다 밝은 꽃은 보지 못했습니다." 사자가 말했습니다.

그들이 걸으면 걸을수록 이제 점점 더 큰 진홍색 양귀비꽃들이 많아졌고, 다른 꽃들은 점점 더 적어졌습니다. 그리고 곧 그들은 양귀비꽃의 드넓은 초원 한가운데에 서 있게 되었습니다. 양귀비꽃들이 많이 모여 있을 때 그 향기가 얼마나 강력한지는 잘 알려져 있습니다. 양귀비꽃 향기를 맡는 사람은 잠이 들게 되고, 잠이 든 사람이 그 강력한 꽃의 향기에서 벗어나지 않는다면 영원히 잠에서 깨어나지 못합니다. 그러나 도로시는 이를 알지 못했으며, 주위에 있는 선명한 진홍색 양귀비꽃들로부터 벗어날 수 없었습니다. 그래서 도로시는 눈이 점점 무거워졌고, 앉아서 쉬어야 하고 잠을 자야 한다고 생각하기 시작했습니다.

그렇지만 양철 나무꾼은 도로시가 잠이 들도록 내버려두지 않았습니다.

"어두워지기 전에 노란 벽돌 길로 돌아가야 합니다." 양철 나무꾼이 말했고, 허수아비도 그의 말에 동의했습니다. 그래서 그들은 도로시가 더 이상 서 있을 수 없을 때까지 걸어갔습니다. 도로시는 자신도 모르게 눈이 감겼고 자신이 어디에 있는지조차 잊어버리고 양귀비꽃 사이에 쓰러져 깊이 잠이 들었습니다.

"우리가 뭘 어떻게 해야 할까요?"라고 양철 나무꾼이 물었습니다.

"우리가 도로시를 여기에 두면 그녀는 죽을 것입니다. 양귀비꽃의 향기가 우리 모두를 죽이고 있습니다. 저조차도 간신히 눈을 뜨고 있고, 토토는 이미 잠들었습니다." 사자가 말했습니다.

그것은 사실이었습니다. 토토는 그의 어린 주인 도로시 옆에 잠들어 있었습니다. 그러나 허수아비와 양철 나무꾼은 살로 만들어지지 않았기 때문에 꽃의 향기에 아무런 영향도 받지 않았습니다.

"빨리 도망가세요. 이 치명적인 꽃밭에서 가능한 빨리 나가세요. 우리는 도로시를 데리고 갈 게요. 하지만 만약 당신이 잠이 든다면 당신은 너무 커서 우리가 데리고 갈 수가 없어요." 허수아비가 사자에게 말했습니다.

그러자 사자가 정신이 번쩍 나서 가능한 한 빨리 앞으로 튕겨 나갔습니다. 얼마나 빠른지 순간 사자는 시야에서 사라졌습니다.

"우리의 손으로 의자 모양을 만들어 도로시를 옮깁시다."라고 허수아비가 말했습니다. 그래서 그들은 토토를 들어 도로시의 무룦에 놓고, 그 다음 손으로 의자를 만들고 팔로 꽃들 사이에서 잠든 도로시를 받쳐 들고 꽃밭 밖으로 옮겼습니다.

그들은 계속해서 끝없이 걸었지만, 그들을 둘러싸고 있는 치명적인 양귀비꽃들의 커다란 카펫이 결코 끝나지 않을 것 같은 느낌이 들었습니다. 그들은 강의 굽이를 따라갔고, 마침내 양귀비

꽃들 사이에서 깊이 잠들어 있는 사자 친구를 발견했습니다. 양귀비꽃들은 그 거대한 사자에게도 너무 강력했고, 그는 결국 양귀비꽃밭 끝에 거의 가까이 왔지만 이내 포기하고 쓰러지고 말았던 것입니다. 바로 앞에는 아름다운 초록빛 들판에 달콤한 풀들이 펼쳐져 있었습니다.

"우리는 사자를 위해 아무것도 할 수가 없습니다. 그는 너무 무거워서 들어 올릴 수가 없습니다. 우리는 그를 여기서 영원히 잠들게 두어야 할 수밖에 없겠습니다. 어쩌면 그는 드디어 용기를 얻는 꿈을 꿀지도 모르겠습니다."라고 양철 나무꾼이 슬프게 말했습니다.

"미안합니다. 사자는 겁쟁이였지만 아주 좋은 친구였습니다. 하지만 이제 우리는 계속 가야지요."라고 허수아비가 말했습니다.

그들은 잠자는 도로시를 강 옆의 아름다운 장소로 옮겼습니다. 양귀비꽃밭에서 먼 곳에 있어 도로시가 양귀비꽃의 향기를 더 이상 맡지 않도록 했고, 여기에서 그들은 부드러운 풀 위에 도로시를 조심스럽게 눕히고 상쾌한 바람을 쐬게 해서 깨어나기를 기다렸습니다.

제9장

들쥐의 여왕

"우리는 이제 노란 벽돌 길까지 멀지 않습니다. 우리는 강이 우리를 떠내려 보낸 만큼 거의 다시 걸어 올라왔습니다."라고 허수아비가 도로시 옆에 서서 말했습니다.

양철 나무꾼이 답변을 하려고 하는데, 낮은 으르렁거리는 소리를 듣고 머리를 돌렸고(목 관절이 아주 잘 움직였습니다.), 이상한 짐승이 풀밭을 가로질러 그들에게 다가오는 것을 보았습니다. 그것은 실제로 커다란 노란색 살쾡이였으며, 양철 나무꾼은 그것이 무언가를 쫓고 있다는 것이 틀림없다고 생각했습니다. 귀는 머리에 바짝 붙어 있었고 입은 크게 벌어져 두 줄의 못생긴 이빨을 드러내고 있었으며, 빨간 눈은 불덩어리처럼 빛나고 있었습니다. 살쾡이가 가까이 다가오자 양철 나무꾼은 살쾡이 앞에서 작은 회색 들쥐가 뛰고 있는 것을 보았고, 비록 그는 심장이 없었지만, 그런 예쁘고 무해한 생물을 죽이려는 것은 잘못된 일이라고 여기게 되었습니다.

그래서 양철 나무꾼은 도끼를 치켜들었고, 살쾡이가 달려오자 도끼를 재빨리 휘둘러 살쾡이의 머리를 뎅강 잘라냈고, 그래서 살쾡이의 몸은 그의 발치에서 두 부분으로 나뉘어 굴러 떨어졌습니다.

들쥐는 적으로부터 해방되자 멈추어 섰고, 나무꾼에게 천천히 다가가며 "찍찍" 작은 목소리로 말했습니다.

"아, 감사합니다! 제 목숨을 구해 주셔서 정말 감사합니다."

"그렇게 감사해할 필요 없어요. 나는 심장이 없기 때문에, 친구가 필요할지도 모르는 모든 사람을 도와줄 겁니다. 비록 그것이 단지 한 마리의 쥐일지라도 말입니다." 양철 나무꾼이 대답했습니다.

"단지 한 마리의 쥐일 뿐이라고요! 나는 여왕이에요. 모든 들쥐의 여왕!"이라고 작은 들쥐가 분해하며 외쳤습니다.

"아, 그래요?" 양철 나무꾼이 머리를 숙이며 말했습니다.

"그러니 당신의 용기 있는 행동은 내 생명을 구하는 훌륭한 일을 해낸 거랍니다."라고 여왕이 덧붙였습니다.

그 순간 여러 마리의 쥐들이 그들의 작은 다리로 빨리 달려오는 것이 보였고, 여왕을 보자마자 외쳤습니다.

"오, 폐하, 우리는 폐하가 죽었을 것이라고 생각했습니다! 어떻게 그렇게 큰 살쾡이에게서 도망칠 수 있었습니까?" 그들은 모두 작은 여왕에게 그렇게 낮게 인사해서 물구나무를 선 것 같은 모습이었습니다.

"이 우스꽝스러운 양철 나무꾼이 살쾡이를 죽이고 내 생명을 구했다. 그러니 이제부터 너희들은 모두 그를 섬기고 그의 사소한 부탁이라도 따라야 한다." 들쥐의 여왕이 대답했습니다,

"예, 그렇게 하겠습니다!" 모든 들쥐가 날카로운 합창으로 외쳤습니다. 그리고 나서 그들은 사방으로 흩어져 도망갔습니다. 토토가 잠에서 깨어나 주변에 있는 모든 쥐들을 보고 신나게 짖고 무리 한가운데로 뛰어들었기 때문입니다. 토토는 캔자스에 살 때 항상 쥐를 쫓아다니는 것을 좋아했으며, 그러한 행동이 쥐에게 해가 되지 않는다고 생각했습니다.

그래서 양철 나무꾼은 토토를 팔로 끌어안고 단단히 붙잡으며 들쥐들에게 외쳤습니다. "돌아와! 돌아와! 토토는 너희를 절대 해치지 않아요."

이때 들쥐의 여왕이 풀 더미 아래에서 머리를 쑥 내밀고 소심한 목소리로 "정말 우리를 물지 않을까요?"라고 물었습니다.

"토토가 덤벼들지 못하게 제가 꼭 안고 있을 테니까 걱정하지 마세요."라고 양철 나무꾼이 말했습니다.

들쥐들이 하나씩 서서히 돌아왔고, 토토는 다시 짖지 않았지만, 나무꾼의 품에서 빠져나오려고 안간힘을 썼으며, 그가 양철로 만들어졌다는 사실을 알지 못했다면 물어버렸을 것입니다. 마침내 가장 큰 들쥐 중 하나가 말했습니다.

"우리 여왕님의 생명을 구해주신 것에 대한 보답으로 저희가 할 수 있는 일이 있을까요?"

"괜찮습니다." 양철 나무꾼이 대답했지만, 생각을 자꾸 하려고 하지만 머리가 지푸라기로 가득 차 있어서 할 수 없었던 허수아비가 재빨리 말했습니다. "아, 맞습니다. 당신은 양귀비꽃밭에서 자고 있는 우리 친구, 겁쟁이 사자를 구해 줄 수 있을까요?"

"사자요! 그는 우리 모두를 잡아 먹어치울 것입니다."라고 어린 들쥐의 여왕이 울먹이며 말했습니다.

"오, 아네요. 그 사자는 겁쟁이예요." 허수아비가 말했습니다.

"정말요?"라고 들쥐의 여왕이 물었습니다.

"자기 자신이 겁쟁이라고 말해요. 그는 친구인 누구에게도 해를 끼치지 않아요. 만약 그를 구하는 것을 도와주신다면, 제가 약속합니다. 그가 여러분 모두에게 친절하게 대할 거예요." 허수아비가 대답했습니다.

"오! 그래요? 우리는 그럼 당신을 믿을게요. 하지만 우리가 무엇을 어떻게 해야 하나요?"라고 들쥐의 여왕이 말했습니다.

"당신을 여왕이라고 부르고 당신에게 순종하는 들쥐들이 어느 정도 되나요?"

"아, 네. 수천 마리 정도 될 거예요." 들쥐의 여왕이 대답했습니다.

"그러면 가능한 한 빨리 모두 여기로 오도록 불러주세요. 또한 각자 긴 끈을 하나씩 가져오도록 해 주세요." 허수아비가 말했습니다.

여왕은 자신을 보좌하던 쥐들에게 돌아서서 즉시 가서 자신의 모든 들쥐들을 데려오라고 말했습니다. 그들이 그녀의 명령을 듣자마자 재빠르게 사방으로 흩어져 갔습니다.

"이제, 당신은 강가로 가서 사자를 실어 나를 수 있도록 나무들을 베어 수레를 만들어 주세요." 허수아비가 양철 나무꾼에게 말했습니다.

양철 나무꾼은 즉시 강가로 가서 나무로 수레 만드는 작업을 시작했습니다. 그는 곧 나무의 큰 나뭇가지에서 모든 잎사귀와 가지를 잘라 내어 수레를 만들었습니다. 그는 또한 나무로 만든 못으로 큰 나뭇가지를 서로 연결하여 고정하고 큰 나뭇가지의 짧은 조각으로 네 개의 바퀴를 만들었습니다. 그는 매우 빠르고 익숙하게 작업하여 들쥐들이 모두 모이기 시작할 때쯤 수레는 그들을 맞을 준비가 완료되었습니다.

사방에서 모인 들쥐들은 수천 마리가 넘어 보였으며, 큰 쥐와 작은 쥐, 중간 크기 쥐 등 다양한 크기의 들쥐들이 있었습니다. 또한 각각의 들쥐들의 입에는 긴 끈이 하나씩 물려 있었습니다. 이 즈음에 도로시가 긴 잠에서 깨어나 눈을 떴습니다. 그녀는 수천 마리의 들쥐가 자신 주위에 서서 겁먹은 눈으로 쳐다보고 있고, 자신이 잔디밭에 누워 있었다는 사실에 크게 놀랐습니다. 하지만 허수아비는 도로시에게 모든 것을 이야기해 주었고, 위엄 있는 작은 들쥐의 여왕에게 돌아서서 말했습니다.

"들쥐의 여왕 폐하, 도로시를 소개합니다."

　도로시는 정중하게 고개를 끄덕였고, 들쥐의 여왕도 인사를
한 후에 도로시와 들쥐의 여왕은 금방 친숙해졌습니다.

허수아비와 나무꾼은 이제 들쥐들이 가지고 온 끈을 사용하여 쥐들을 수레에 매기 시작했습니다. 끈의 한쪽 끝은 각 들쥐들의 목에 묶었고, 다른 쪽 끝은 수레에 묶었습니다. 물론 수레는 끌고 갈 들쥐들보다 천 배 이상은 더 컸습니다. 하지만 모든 들쥐들이 끈으로 묶여 한 몸처럼 힘껏 힘을 쓰자, 수레는 아주 쉽게 움직였습니다. 허수아비와 양철 나무꾼조차 그 위에 앉아 있을지라도 충분히. 그들의 이상한 작은 말들이 이끄는 수레는 사자가 잠든 곳으로 신속하게 달려갔습니다.

사자가 있는 양귀비꽃밭에 도착한 들쥐들은 사자를 수레에 실으려고 했지만, 너무 무거웠습니다. 갖은 상당한 노력 끝에 그들은 사자를 간신히 수레 위로 올릴 수 있었습니다. 그런 다음 들쥐의 여왕은 들쥐들이 양귀비꽃밭에 너무 오래 머물면 잠들 수도 있겠다는 생각에 서둘러 들쥐들에게 출발하라는 명령을 내렸습니다.

처음에는 작은 들쥐들은 수가 많았음에도 불구하고 무거운 사자를 실은 수레는 거의 움직이지 않았습니다. 그래서 양철 나무꾼과 허수아비가 뒤에서 밀어주자 조금은 수월하게 수레가 움직였습니다. 곧 그들은 사자를 양귀비꽃밭에서 푸른 초원으로 빠져나와 양귀비꽃의 독한 향기 대신에 다시 부드럽고 신선한 공기를 마실 수 있게 되었습니다.

도로시는 그들을 만나러 마중 나왔고, 그녀의 친구를 죽음에서 구해준 작은 들쥐들에게 따뜻하게 감사의 인사를 전했습니다.

도로시는 덩치 큰 사자와 애정이 듬뿍 들어서 그가 구출된 것이 마냥 기뻤습니다.

이제는 들쥐들이 수레에서 끈을 풀고, 숲을 가로질러 그들의 집으로 돌아갔습니다. 들쥐의 여왕이 마지막으로 떠나면서 말했습니다.

"언제든지 저희의 도움이 필요하면, 들로 나와 부르세요. 그러면 우리는 당신의 목소리를 듣고 도움을 드리러 가겠습니다. 안녕히 계세요!"

"안녕히 계세요!" 모두가 대답했고, 들쥐의 여왕은 그들의 집으로 달려갔고, 도로시는 토토가 그녀를 따라가서 놀라게 할까 봐 꼭 안았습니다.

그들은 사자가 깨어날 때까지 곁에 앉아 있었고, 허수아비는 가까운 나무에서 도로시에게 과일을 가져다주었으며, 도로시는 그것을 저녁으로 먹었습니다.

제10장

문지기

겁쟁이 사자는 양귀비꽃밭 사이에 너무 오랫동안 누워서 치명적인 향기를 들이마셨기 때문에 깨어나기까지는 꽤나 오랜 시간이 걸렸습니다. 이윽고 눈을 뜨자 수레에서 굴러 떨어지면서, 자기 자신이 아직 살아 있다는 것을 깨닫고 매우 기뻤습니다.

"제가 할 수 있는 한 빨리 달렸지만 양귀비꽃들의 향기가 너무도 강해서 그만 잠에 취하고 말았군요. 어떻게 제가 거기서 빠져나왔나요?" 사자가 자리에 앉아 하품을 하며 말했습니다.

그들은 사자에게 들쥐들에 대해 이야기했고, 들쥐들이 어떻게 그를 죽음에서 구해주었는지를 알려줬습니다. 그러자 겁쟁이 사자는 웃으며 말했습니다.

"나는 항상 나 자신을 매우 크고 무섭다고 생각해왔는데, 꽃과 같은 작은 것들에 내가 죽을 뻔 했고, 들쥐와 같은 작은 동물들이 내 목숨을 구해주었군요. 이 모든 것이 얼마나 신기한가요!
하지만, 친구들, 이제부터 우리는 어떻게 해야 할까요?"

"우리는 다시 노란 벽돌 길을 찾을 때까지 계속 걸어 나아가야
해요. 그래야 에메랄드 시로 계속 나아갈 수 있으니까요."라고 도
로시가 말했습니다.

그래서 사자가 스스로 완전히 회복되었다고 생각되었을 때, 모
두가 여행을 다시 시작하면서 부드럽고 신선한 풀을 걷는 것을 즐
겼습니다. 그리고 얼마 지나지 않아 그들이 노란 벽돌 길에 도착
하자 다시 위대한 오즈가 살고 있는 에메랄드 시 쪽으로 향했습
니다.

길은 부드럽게 잘 포장되어 있었고, 주변의 풍경은 너무도 아
름다워서 도로시와 친구들은 숲을 멀리 빠져나왔다는 것과 그
음침하고 울창한 숲에서 만났던 여러 위험들로부터 벗어났다는
생각에 매우 기뻤습니다. 그들은 다시 한 번 길옆에 세운 울타리
들을 볼 수 있었는데, 이 울타리들은 모두 녹색으로 칠해져 있었
습니다. 농부가 살고 있는 것으로 보이는 작은 집에 이르렀는데,
그 집 또한 녹색으로 칠해져 있었습니다. 그들은 걷는 오후 동안
이러한 집들을 여러 채 지나쳤고, 가끔씩 사람들이 문으로 나와
그들을 바라보며 질문을 하고 싶어 하는 듯한 모습을 보였지만,
그들의 곁에 가까이 다가오거나 말을 건네는 사람은 아무도 없
었습니다. 그들은 덩치 큰 사자를 보고 매우 두려워했기 때문입
니다. 이곳 사람들은 모두 매력적인 에메랄드 녹색 옷을 입고 있

었고, 먼치킨들과 같은 뾰족한 모자를 쓰고 있었습니다.

"이곳이 바로 오즈의 나라임에 틀림없어요. 우리는 확실히 에메랄드 시에 가까워진 것 같아요."라고 도로시가 말했습니다.

"네. 먼치킨 사람들은 파란색이 가장 좋아하는 색이었는데, 여기서는 모든 것이 녹색이네요. 그렇지만 이 사람들은 먼치킨 사람들처럼 그렇게 친절해 보이지는 않는 것 같아요. 그래서 우리가 묵어야 할 곳을 찾는 게 쉽지 않을 것 같아요." 허수아비가 대답했습니다.

"과일 말고 다른 먹을 것을 먹고 싶어요. 토토는 너무 배고파서 굶어죽일 지경일거예요. 다음 집에 들러서 사람들과 이야기해 보도록 해요."라고 도로시가 말했습니다.

그래서 그들이 적당한 크기의 농가를 발견했을 때, 도로시는 당당하게 문 앞으로 걸어가서 노크했습니다.

한 여성이 밖을 살펴볼 수 있을 만큼 아주 조금 문을 열고 말했습니다. "무엇을 도와줄까? 얘야, 왜 그렇게 덩치 큰 사자와 함께 다니니?"

"우리는 하룻밤 묵을 집을 찾고 있어요. 허락해 주실 수 있겠는지요. 그리고 사자는 제 친구이자 동료예요. 어느 누구에게라도 해를 끼치지 않아요."라고 도로시가 대답했습니다.

"길들여졌다는 거니?"라고 여성은 문을 조금 더 넓게 열며 물었습니다.

"네, 그래요. 그리고 그는 매우 겁쟁이랍니다. 그는 당신이 그를 두려워하는 것보다 당신을 더 두려워할 걸요." 도로시가 말했습니다.

"음, 그렇다면 들어와도 좋아. 저녁 식사와 잠잘 곳을 제공해 줄게요." 여성은 곰곰이 생각한 후, 사자를 다시 한 번 살펴보며 말했습니다.

그래서 그들은 모두 집에 들어갔고, 그 곳에는 이 여성 외에 두 아이와 한 남자가 있었습니다. 그 남자는 다리를 다쳐서, 한쪽 구석의 소파에 누워 있었습니다. 그들은 이렇게 이상한 일행을 보고 매우 놀란 것 같았습니다. 여성이 바쁘게 식사 준비를 하는 동안 남자가 물었습니다.

"모두들 어디로 가는 거니?"

"에메랄드 시로, 위대한 오즈를 만나러." 도로시가 말했습니다.

"아, 정말! 오즈가 너희들을 만나줄 거라고 믿니?"라고 남자가 외쳤습니다.

"왜 안 되죠?" 도로시가 대답했습니다.

"왜냐하면 오즈는 결코 어느 누구도 그 앞에 오게 하지 않는다고 하던데. 내가 에메랄드 시에 여러 번 갔었지. 그곳은 정말 아름답고 놀라운 곳이긴 하지만 나는 위대한 오즈를 볼 수가 없었고, 그를 본 사람을 아는 사람들도 보지 못했거든."

"오즈는 절대 밖으로 나오지 않나요?"라고 허수아비가 물었습니다.

"결코. 그는 그의 궁전의 위대한 왕좌가 있는 공식 알현 실에 매일 앉아 있고, 그를 시중들기 위해 기다리는 사람들조차 그를 직접 대면한 적이 없다고 하던 걸."

"그는 어떤 사람인가요?"라고 도로시가 물었습니다.

"말하기 좀 어렵네. 알다시피, 오즈는 위대한 마법사이야. 그는 자기가 원하는 어떤 형태로도 변할 수 있지. 그래서 어떤 사람들은 그가 새처럼 보인다고 하고, 어떤 사람들은 그가 코끼리처럼 보인다고 하며, 또 어떤 사람들은 그가 고양이처럼 보인다고 말하곤 하거든. 또 다른 이들에게 그는 아름다운 요정 또는 브라우니, 또는 그를 즐겁게 하는 다른 어떤 형태로 나타난다고 해. 하지만 실제로 오즈가 어떤 모습인지, 진짜 본래의 모습이 무엇인지 어느 누구도 알 수가 없단다." 남자가 깊이 생각하며 말했습니다.

"그건 참 이상하네요. 하지만 우리는 그를 만나 볼 방법을 찾아야만 해요. 그렇지 않으면 우리의 지금까지의 여행이 허사가 되거든요."라고 도로시가 말했습니다.

"왜 너희들은 끔찍한 오즈를 보고 싶어 하는 거지?"라고 남자가 물었습니다.

"그가 내게 뇌를 주기를 원하거든요."라고 허수아비가 간절히 바라며 말했습니다.

"아, 오즈는 그걸 쉽게 할 수 있지. 그는 필요 이상으로 더 많은 뇌를 가지고 있거든." 남자가 말했습니다.

"저는 그가 저에게 심장을 주기를 원합니다."라고 양철 나무꾼이 말했습니다.

"그것도 쉽게 할 수 있지. 오즈는 크기와 모양이 다양한 심장을 많이 보관하고 있거든." 남자가 계속해서 말했습니다.

"저는 그가 저에게 용기를 주기를 원합니다."라고 겁쟁이 사자가 말했습니다.

"오즈는 그의 왕좌가 있는 공식 알현 실에 용기가 많이 들어 있는 큰 항아리를 두고 있어. 그는 항아리가 용기로 넘치지 않도록 금색 접시로 덮어두고 있지. 그는 기꺼이 용기를 줄 수 있고말고."라고 남자가 말했습니다.

"저는 그가 저를 캔자스로 다시 보내주기를 원합니다."라고 도로시가 말했습니다.

"캔자스는 어디에 있는 거지?" 남자가 놀라며 물었습니다.

"모르겠어요. 하지만 그곳에 제 집이 있고, 저는 확실히 캔자스가 어딘가에 있을 거라 믿어요."라고 도로시가 슬프게 대답했습니다.

"아주 그럴듯하군. 음, 오즈는 무엇이든 할 수 있으니까, 아마 캔자스를 찾을 수 있을 거야. 하지만 무엇보다 먼저 오즈를 만나야 하는데, 그것이 어렵거든. 위대한 마법사 오즈는 누군가를 만나는 것을 좋아하지 않아, 보통 자신의 방식대로 하거든. 그렇다면 너는 무엇을 원하니?" 그는 토토에게 말했습니다. 토토는 단지 그의 꼬리만 흔들었습니다. 왜냐하면 이상하게도(?) 그는 말을 할 수 없었기 때문입니다.

여성이 이제 저녁 준비가 다 되었다고 그들에게 외쳤습니다. 모

두들 테이블 주위에 모여 앉았으며, 도로시는 맛있는 죽과 스크
램블 에그 한 접시, 그리고 좋은 흰 빵 한 접시를 배불리 먹으면서
즐거운 식사를 했습니다. 사자는 오트밀을 조금 먹었습니다. 그것

이 귀리로 만들어졌으며, 그것은 말이 먹는 음식이지 사자에게는 맞지 않는다고 했습니다. 허수아비와 양철 나무꾼은 아무것도 먹지 않았습니다. 토토는 모든 것을 조금씩 먹고, 다시 이렇게 좋은 저녁을 먹게 되어 기뻐했습니다.

여성은 이제 도로시에게 잠을 잘 수 있도록 침대로 안내해 주었고, 토토는 도로시 옆에 누워 있었으며, 잠자리가 방해 받지 않도록 사자는 방문을 지켰습니다. 허수아비와 양철 나무꾼은 구석에 서서 밤새 조용히 있었습니다. 물론 그들은 잠을 잘 필요가 없었습니다.

다음 날 아침, 해가 뜨자마자 그들은 길을 떠났고, 곧 그들 앞 하늘에서 아름다운 녹색 빛을 보았습니다.

"에메랄드 시가 맞는 것 같아요."라고 도로시가 말했습니다.

그들이 계속 걸어가자, 녹색 빛이 점점 더 밝아졌고 마침내 그들이 여행의 끝에 가까워지고 있는 것 같았습니다. 그들이 도시를 둘러싼 거대한 벽에 도착했을 때는 오후였습니다. 벽은 높고 두껍고 밝은 녹색이었습니다.

그들 앞에, 노란 벽돌 길의 끝에는 에메랄드로 장식된 큰 문이 있었고, 그 에메랄드는 태양빛에 반짝여 허수아비의 칠해진 눈조차도 그 광채에 눈이 멀 정도였습니다.

문 옆에 초인종이 있었고, 도로시가 초인종을 누르자 안에서 은빛 딸랑거리는 소리가 들렸습니다. 그러자 큰 문이 천천히 열렸고, 그들이 모두 안으로 들어서자 높은 아치형 방 안을 볼 수 있었고, 그 방의 벽은 수많은 에메랄드로 빛나고 있었습니다.

그들 앞에는 먼치킨들과 같은 크기의 작은 남자가 서 있었습니다. 그는 머리부터 발끝까지 모두 녹색 옷을 입고 있었고, 그의 피부조차 녹색 빛을 띠고 있었습니다. 그의 옆에는 큰 녹색 상자가 있었습니다.

그가 도로시와 친구들을 보았을 때, 남자가 물었습니다. "에메랄드 시에는 무슨 일로 왔습니까?"

"우리는 위대한 오즈를 만나 보기 위해 왔습니다."라고 도로시가 말했습니다.

그 남자는 이 대답에 너무 놀라서 그 자리에 앉아서 생각해 보았습니다.

"오즈를 보려고 왔다는 사람을 본지가 여러 해가 지났는데. 오즈는 강력하고 무서우며, 만약 너희들이 위대한 마법사의 현명한 생각을 방해하기 위해 쓸데없는 일로 왔다면, 그는 화가 나서 여러분 모두를 순식간에 죽여 버릴 지도 몰라." 그는 혼란스러운 표정을 지으며 말했습니다.

"하지만 그것은 어리석은 일도, 허송세월하는 일도 아닙니다. 아주 중요한 일입니다. 그리고 우리는 오즈가 착한 마법사라고 알고 있는데요." 허수아비가 대답했습니다.

"그렇지. 그리고 그는 에메랄드 시를 지혜롭고 훌륭하게 다스리지. 그러나 정직하지 않거나 호기심으로 그에게 다가오는 자들에게 그는 매우 무섭게 하니까, 그의 얼굴을 보려고 감히 요청하는 사람은 거의 없거든. 나는 문지기이며, 너희들이 위대한 오즈를 보기를 원하니까 내가 오즈의 궁전으로 안내해 줄게. 하지만 먼저 안경을 써야만 해."라고 녹색 남자가 말했습니다.

"왜요?"라고 도로시가 물었습니다.

"왜냐하면 만약 너희들이 안경을 쓰지 않으면, 에메랄드 시의 밝음과 광채 때문에 눈이 멀게 될 테니까. 도시의 사람들조차 밤낮으로 안경을 써야 해. 안경은 모두 자물쇠로 채워진 상자에 들어 있어. 오즈가 도시를 처음 설계했을 때 그렇게 명령했기 때문이야. 내가 유일하게 그 상자를 열 수 있는 열쇠를 가지고 있지."

그는 큰 상자를 열쇠로 열었고, 도로시는 그 안에 다양한 크기와 모양의 안경들이 가득 차 있는 것을 보았습니다. 모든 안경에는 녹색 렌즈가 있었습니다. 문지기는 도로시에게 꼭 맞는 안경 한 쌍을 찾아 그녀의 눈에 씌워주었습니다. 그 안경은 그녀의 머리 뒤로 돌아가는 두 개의 금색 띠로 고정되어 있었고, 문지기가 목에 걸고 다니는 체인의 끝에 있는 작은 열쇠로 잠갔습니다. 안경이 씌워지자, 도로시는 그것을 다시 제거하고 싶어도 할 수 없었습니다. 물론 그녀는 에메랄드 시의 눈부심에 눈이 멀고 싶지 않았기 때문에 아무 말도 하지 않고 그냥 조용히 안경을 쓰고 있었습니다.

그 후, 녹색 남자가 허수아비와 양철 나무꾼, 사자, 그리고 작은 토토를 위해 안경을 찾아 맞는 것을 씌워 주었고, 모든 안경은 열쇠로 단단히 잠갔습니다.

그때 문지기 자신도 자신의 안경을 쓰고 그들에게 궁전으로 안내할 준비가 되었다고 말했습니다. 그는 벽에 걸린 큰 금색 열쇠를 꺼내어 또 다른 문을 열었고, 그들은 모두 그를 따라 에메랄드 시의 거리로 들어갔습니다.

제11장

오즈의 멋진 에메랄드 시

눈을 녹색 안경으로 보호했음에도 불구하고, 도로시와 친구들은 처음에는 환상적인 도시의 빛나는 아름다움에 눈이 부셨습니다. 거리는 모두 녹색 대리석으로 지어진 아름다운 집들로 가득 차 있었고, 곳곳에 반짝이는 에메랄드가 박혀 있었습니다.

그들은 같은 녹색 대리석으로 만들어진 길을 걸었고, 블록이 연결된 부분에는 에메랄드가 촘촘히 박혀있어서 햇빛에 반짝였습니다. 창문 유리도 녹색 유리로 되어 있었고, 도시 위 하늘조차 녹색을 띠고 있었으며, 태양빛 햇살 또한 녹색이었습니다.

많은 사람들이─남자, 여자, 아이들─주변을 걷고 있었고, 이들은 모두 녹색 옷을 입고 녹색을 띤 피부를 가지고 있었습니다. 그들은 도로시와 그녀의 이상하게 구성된 친구들을 놀라운 눈으로 바라보았고, 사자를 보자마자 모든 아이들이 도망쳐 어머니 뒤에 숨었습니다. 어느 누구도 도로시와 이상하게 구성된 친구들에게 말을 걸지 않았습니다. 거리에는 많은 상점들이 있었고, 도로시가 그 안을 보니 모든 것이 녹색이었습니다. 녹색 사탕과 녹색 팝콘이 판매되고 있었으며, 녹색 신발, 녹색 모자, 그리고 모든 종류의 녹색 옷들이 있었습니다. 한 곳에서는 한 남자가 녹색 레모네이드를 판매하고 있었고, 도로시는 아이들이 레모네이드를 사서 녹색 동전으로 지불하는 것을 볼 수 있었습니다.

말이나 다른 어떤 종류의 동물도 보이지 않았습니다. 사람들은 그들 앞에서 밀고 다니는 작은 녹색 수레에 물건들을 싣고 있었습니다. 모든 사람이 행복하고 만족해하며 번창하는 것 같았습니다.

문지기가 도로시와 이상하게 구성된 친구들을 안내하여 도시의 한가운데에 있는 커다란 건물, 즉 위대한 마법사 오즈의 궁전에 도착했습니다. 궁전 문 앞에는 녹색 제복을 입고 길게 녹색 턱

수염을 기른 한 병사가 있었습니다.

"여기 낯선 사람들이 있습니다. 그들은 위대한 오즈님을 보고 싶어 합니다." 문지기가 병사에게 말했습니다.

"안으로 들어오세요. 제가 오즈님에게 여러분의 메시지를 전하겠습니다." 병사가 대답했습니다.

도로시와 이상하게 구성된 친구들은 궁전의 문을 지나갔고 에메랄드가 장식된 녹색 카펫과 사랑스러운 녹색 가구들이 있는 큰 방으로 안내되었습니다. 병사는 그들이 이 방에 들어가기 전에 녹색 매트 위에서 발을 닦도록 모두에게 지시했고, 모두가 자리에 앉았을 때 그는 정중하게 말했습니다.

"여러분이 여기서 편안히 쉬고 계시는 동안 제가 왕좌가 있는 공식 알현 실의 방문으로 가서 오즈님에게 여러분이 도착했다고 전하겠습니다."

도로시와 친구들은 병사가 돌아올 때까지 오랜 시간을 기다려야 했습니다. 마침내 병사가 돌아오자, 도로시가 물었습니다.

"오즈님을 만나셨나요?"

"아, 아니요. 나는 오즈님을 본 적이 없습니다. 하지만 그가 그의 차단막 뒤에 앉아 있을 때 여러분의 메시지를 전달했습니다. 오즈님은 여러분이 원한다면 만나주시겠다고 하셨습니다. 그러나 여러분 각자는 오즈님에게 혼자 들어가야 하며, 그는 하루에 한 명만 만나주시겠다고 하셨습니다. 그래서 이제는 여러분이 며칠 궁전에 머물러야 하기 때문에, 여행 후 피곤함을 풀 수 있도록 편안히 방으로 안내해 드리겠습니다." 병사가 대답했습니다.

"감사합니다. 오즈님은 매우 친절하신 분이네요."라고 도로시가 대답했습니다.

병사는 녹색 호루라기를 불었고, 곧 예쁜 녹색 실크 드레스를 입은 어린 소녀가 방에 들어왔습니다. 그녀는 사랑스러운 녹색 머리와 녹색 눈을 가졌으며, 도로시 앞에 정중하게 머리를 숙이며 "따라오세요. 제가 당신의 방으로 안내해 드리겠습니다."라고 말했습니다.

그래서 도로시는 나머지 모든 친구들에게 작별 인사를 하고, 토토를 품에 안고 녹색 소녀를 따라 일곱 개의 통로를 지나 세 번의 계단을 올라 궁전 앞에 있는 방에 도착했습니다. 그곳은 세상에서 가장 향기로운 작은 방이었는데, 녹색 비단 시트와 녹색 벨벳 침대보가 놓인 부드럽고 편안한 침대가 있었습니다. 방 한가운데에 작은 분수가 있었는데, 그 분수는 녹색 향수를 공기 중으로 높게 뿜어내더니 아름답게 조각된 녹색 대리석 받침대로 떨어졌습니다. 창문에는 아름다운 녹색 꽃이 피어 있었고, 책장에는 작은 녹색 책들이 줄지어 서 있었습니다. 도로시가 이 책들을 펼쳤을 때, 괴상한 녹색 그림들로 가득 차 있는 것을 보고는 웃지 않을 수 없었습니다.

옷장에는 실크, 새틴, 벨벳으로 만들어진 많은 녹색 드레스가 있었고, 그 모든 드레스는 도로시에게 꼭 맞았습니다.

"편안하게 쉬세요. 필요한 것이 있으시면 벨을 눌러주세요. 오즈님이 내일 아침에 당신을 부르러 사람을 보내줄 거예요." 녹색 소녀가 말했습니다.

녹색 소녀는 도로시를 혼자 두고 다른 이들에게로 돌아갔습니다. 그녀는 또한 이들을 각자의 방으로 안내했으며, 궁전의 매우 쾌적한 위치에 숙소를 마련해 주었습니다. 하지만 이런 친절함은 허수아비에게는 아무 소용이 없었습니다. 허수아비가 자신의 방에 혼자 남게 되자 아침이 올 때까지 기다리기 위해 문턱 바로 안쪽에서 바보처럼 한 곳에 서 있었습니다. 누워서 편하게 쉴 수도 없었으며, 눈을 감을 수도 없었습니다. 그래서 그는 방구석에서 거미가 거미줄을 짓고 있는 것을 밤새 바라보며 있었습니다. 마치 이 방이 세상에서 가장 멋진 방 중 하나가 아닌 것처럼 말입니다. 양철 나무꾼은 자신이 육체로 만들어졌던 때를 기억하고는 습관적으로 침대에 누웠습니다. 그렇지만, 잠을 잘 수 없어서 밤새 관절을 위아래로 움직이며 좋은 상태를 유지하고 있는지 확인했습니다. 사자는 숲 속의 마른 낙엽으로 된 침대가 더 좋았을 텐데 하고 생각했으며, 지금처럼 방에 갇혀 있는 것을 좋아하지 않았습니다. 하지만 그는 좋아하지 않는다고 걱정할 만큼 어리석지 않았기에 침대 위로 뛰어올라 고양이처럼 몸을 말고, 1분 만에 잠에 빠져들고 말았습니다.

다음 날 아침, 아침 식사 후, 녹색 소녀가 도로시를 데리러 왔고, 그녀는 가장 예쁜 드레스 중 하나를 입혀 주었습니다. 그것은 녹색 금색 명주실로 두껍게 짠 실크 새틴으로 만들어졌습니다.

도로시는 녹색 실크 앞치마를 입고 토토의 목에 녹색 리본을 묶어 주고, 위대한 오즈의 왕좌가 있는 공식 알현 실로 향하기 시작했습니다.

그들은 먼저 궁전의 많은 귀족 남녀가 화려한 의상을 입고 있는 넓은 홀에 도착했습니다. 이 사람들은 서로 이야기를 나누는 것 외에는 별다른 할 일이 없었지만, 항상 매일 아침 왕좌가 있는 공식 알현 실 밖에서 기다리러 오는 사람들이었습니다. 그렇지만 오즈를 결코 만날 수는 없었습니다. 도로시가 들어서자 그들은 그녀를 호기심 어린 눈으로 바라보았고, 그 중 한 사람이 속삭이듯 말했습니다.

"정말 저 끔찍한 오즈님의 얼굴을 볼 작정인가요?"

"물론입니다. 그가 저를 만나 준다면." 도로시가 대답했습니다.

"아, 그는 당신을 만나 볼 것입니다. 비록 사람들이 만나기를 요청하는 것을 좋아하지는 않지만요. 사실 처음에는 화가 나서 당신이 온 곳으로 되돌려 보내라고 했답니다. 그러다가 당신의 생김새를 물어봤고, 제가 당신이 은빛 신발을 신고 있다는 것을 언급했을 때 매우 관심을 가지시더군요. 마침내 저는 당신 이마에 있는 입맞춤에 대해 그에게 이야기했으며, 그는 당신을 그의 앞에 들이라고 결정했답니다." 마법사에게 그녀의 메시지를 전달한 병사가 말했습니다.

그때 종이 울렸고, 녹색 소녀가 도로시에게 말했습니다. "그것이 신호입니다. 당신은 홀로 왕좌가 있는 공식 알현 실로 들어가야 합니다."

녹색 소녀는 작은 문을 열었고, 도로시는 당당하게 지나갔으며 자신이 멋진 장소에 있다는 것을 알게 되었습니다. 그곳은 높은 아치형 지붕을 가진 크고 둥근 방이었으며, 벽과 천장, 바닥은 서로 촘촘하게 박혀 있는 커다란 에메랄드로 덮여 있었습니다. 지붕 중앙에는 태양만큼 밝은 커다란 등이 있어, 그 등은 놀라우리만치 반짝이는 에메랄드로 만들어졌습니다.

하지만 도로시가 가장 관심을 가진 것은 방 중앙에 서 있는 녹색 대리석으로 만들어진 큰 왕좌였습니다. 그것은 의자처럼 생겼고, 다른 모든 것들과 마찬가지로 보석으로 반짝였습니다. 의자 중앙에는 신체를 지탱할 수 있는 몸이나 팔, 다리 없이 거대한 머리만 있었습니다. 이 머리에는 머리카락이 없었지만, 눈과 코, 입이 있었으며, 가장 큰 거인의 머리보다 훨씬 더 컸습니다.

도로시는 머리를 놀라움과 두려움을 갖고 응시했으며, 곧 거대한 머리의 눈이 천천히 그녀를 날카롭게 그리고 꾸준히 날카롭게 쳐다보는 것을 보았습니다. 그러고 나서 거대한 머리의 입이 움직였고, 도로시는 말하는 목소리를 들었습니다.

"나는 위대하고 무시무시한 오즈다. 너는 누구이며, 왜 나를 찾아왔지?"

거대한 머리에서 나올 것이라고 예상했던 끔찍한 목소리는 아니었습니다. 그래서 도로시는 용기를 내어 대답했습니다.

"저는 작고 겸손한 도로시입니다. 소원이 있어 찾아왔습니다."

    그 눈이 깊이 생각하며 그녀를 몇 분 동안 바라보았습니다. 그러고 나서 목소리가 말했습니다.

    "은빛 신발을 어디서 난 것이냐?"

"동쪽 나라의 나쁜 마녀한테서 얻었어요. 내 집이 그녀를 덮쳤고, 그녀는 깔려 죽었지요." 도로시가 대답했습니다.

"너의 이마에 있는 입술 자국은 어디에서 생긴 것이냐?" 목소리가 계속 말했습니다.

"그것은 바로 북쪽 나라의 착한 마녀가 작별 인사를 하며 당신에게 보내면서 나에게 입맞춤을 한 것입니다." 도로시가 말했습니다.

다시 거대한 머리의 눈들이 도로시를 날카롭게 바라보았고, 그 눈들은 그녀가 진실을 말하고 있다는 것을 보았습니다. 그러자 오즈가 물었습니다. "내게 원하는 것이 무엇이냐?"

"제 아줌마 엠과 아저씨 헨리가 있는 캔자스로 저를 보내주세요. 오즈의 나라가 아름답긴 하지만 저는 싫어요. 엠 아줌마는 제가 이렇게 오랫동안 집을 떠난 것에 대해 매우 걱정하실 거예요." 라고 도로시는 진심 어린 목소리로 대답했습니다.

거대한 머리의 눈이 세 번 깜박였고, 천장을 향해 올려 봤다가 바닥을 향해 내려 봤다가 하더니, 매우 이상하게 돌아다니면서 방의 모든 부분을 보는 것 같았습니다. 그리고 마침내 다시 도로시를 바라보았습니다.

"왜 내가 너의 소원을 들어줘야 하지?" 라고 오즈가 물었습니다.

"당신은 강하지만 저는 약해요. 당신은 위대한 마법사이지만 저는 단지 한 작은 소녀예요."

"하지만 너는 동쪽의 나쁜 마녀를 죽일 만큼 충분히 강한데."
라고 오즈가 말했습니다.

"그것은 아주 우연이었어요. 저도 어쩔 수 없었다고요."라고
도로시가 소심하게 대답했습니다.

"그럼 좋다. 내가 너에게 대답을 주겠다. 너는 다시 캔자스로
보내주길 바란다면, 나를 위해서도 뭔가를 해야만 한다. 이 나
라에서는 모든 사람은 자신이 받는 것에 대해 대가를 지불해야
한다. 내가 너를 다시 집으로 보내기 위해 마법의 힘을 사용하길
원한다면, 먼저 나를 도와주어야 한다. 나를 도와주면, 나도 너를
도와줄 것이다."오즈가 말했습니다.

"제가 무엇을 할 수 있나요?"라고 도로시가 물었습니다.

"서쪽의 나쁜 마녀를 죽여라."오즈가 대답했습니다.

"하지만 저는 할 수 없습니다!"라고 도로시는 크게 놀라며 외
쳤습니다.

"너는 동쪽의 나쁜 마녀를 죽였고 강력한 마법이 담긴 은빛
신발을 신고 있다. 이제 이 땅에는 단 하나의 나쁜 마녀만 남아
있다. 그 마녀를 이 땅에서 없애고, 마녀가 죽었다고 내게 말할 수
있다면 나는 너를 캔자스로 돌려보내줄 것이다. 그 전에는 너의
소원을 들어줄 수 없다."

도로시는 눈물을 흘리기 시작했습니다. 매우 실망했기 때문입
니다. 머리의 눈은 깜박이면서 도로시를 걱정스럽게 바라보았습
니다. 마치 도로시가 하려고만 한다면, 위대한 오즈가 도로시를

도와줄 수 있다고 느끼는 것처럼.

"나는 결코 내 스스로 자발적으로 아무것도 죽여본 적이 없어요, 내가 원한다고 해도, 어떻게 나쁜 마녀를 죽일 수 있겠어요? 위대하고 무서운 오즈님조차 나쁜 마녀를 죽이지 못하는데, 어떻게 내가 그런 일을 할 수 있을 거라고 생각하세요?" 도로시가 울면서 말했습니다.

"나는 알지 못한다. 하지만 그것이 내 대답이다. 나쁜 마녀가 죽기 전까지는 너는 다시 아저씨와 아줌마를 볼 수 없을 것이다. 마녀의 사악함-엄청나게 사악하며-을 기억하고 반드시 죽여야 한다. 이제 가거라! 그리고 너의 임무를 완수할 때까지 나를 다시 찾아오지 말거라."라고 오즈가 말했습니다.

슬프게도 도로시는 왕좌가 있는 공식 알현 실을 나와 사자와 허수아비, 양철 나무꾼이 자신이 오즈에게서 들은 이야기를 듣기 위해 기다리고 있는 곳으로 돌아갔습니다. 그녀는 슬프게 말했습니다. "나에게는 희망이 없어요. 오즈가 서쪽의 나쁜 마녀를 죽일 때까지는 나를 집으로 돌려보내지 않을 거예요. 하지만, 내 힘으로는 그 일은 결코 할 수 없어요."

그녀의 친구들은 안타까워했지만 그녀를 도와줄 수 있는 일이 없었습니다. 그래서 도로시는 자신의 방으로 가서 침대에 누워 울다가 그만 잠이 들었습니다.

다음날 아침, 녹색 구레나룻을 기른 병사가 허수아비에게 와서 말했습니다.

"나를 따라오세요. 오즈님이 당신을 데려오라고 나를 보내셨습니다."

그래서 허수아비는 그를 따라가며 위대한 왕좌가 있는 공식 알현실로 들어갔고, 그곳에서 그는 에메랄드 왕좌에 앉아 있는 매우 사랑스럽고 아름다운 여인을 보았습니다. 그녀는 녹색 실크 거즈로 드레스를 입고 흘러내리는 녹색 머리카락 위에 보석으로 된 왕관을 쓰고 있었습니다. 그녀의 어깨에서 자라난 날개는 화려한 색깔을 가지고 있었고, 아주 미세한 바람이 불기만 해도 펄럭일 만큼 가벼웠습니다.

　허수아비가 이 아름다운 여인 앞에서 그의 지푸라기로 된 몸이 허락하는 만큼 멋지게 인사를 하자, 그녀는 그를 부드럽게 바라보며 말했습니다.

　"나는 위대하고 무서운 오즈다. 너는 누구이며, 왜 나를 찾아왔는가?"

　곧 거대한 머리를 볼 것이라고 기대했던 허수아비는 매우 놀랐지만, 용감하게 그녀에게 대답했습니다.

　"저는 단지 지푸라기로 채워진 허수아비입니다. 따라서 저는 뇌가 없습니다. 그래서 지푸라기 대신에 제 머리에 뇌를 넣어 주실 것을 기도하며 왔습니다. 오즈님이 지배하는 이 나라의 다른 사람들처럼요."

"왜 내가 너를 위해 이 일을 해야 하지?"라고 여인이 물었습니다.

"오즈님은 지혜롭고 강력하시기 때문입니다. 다른 어느 누구도 나를 도와줄 수 없습니다."라고 허수아비가 대답했습니다.

"나는 어떤 보상 없이 호의를 베풀지 않는다. 하지만, 이것만은 약속하겠다. 만약 나를 위해 서쪽의 나쁜 마녀를 죽여준다면, 나는 너에게 엄청난 많은 뇌를 주고, 그렇게 좋은 뇌를 가지게 된다면 너는 오즈의 모든 땅에서 가장 지혜로운 사람이 될 것이다."라고 오즈가 말했습니다.

"도로시에게도 마녀를 죽이라고 요청한 걸로 알고 있습니다." 라고 허수아비가 놀라며 말했습니다.

"그렇게 했지. 누가 마녀를 죽이든 상관없다. 하지만 그 마녀가 죽을 때까지 나는 너희들의 소원을 들어주지 않을 것이다. 이제 가거라! 그리고 네가 그토록 갈망하는 뇌를 얻을 수 있을 때까지 다시는 나를 찾지 마라."

허수아비는 슬프게 친구들에게 돌아가서 오즈가 말한 내용을 전했습니다. 도로시는 위대한 마법사가 그가 보았던 커다란 머리가 아니라 사랑스러운 여인이라는 사실에 놀랐습니다.

"같은 말이지만, 그녀에게도 양철 나무꾼만큼이나 심장이 필요한 것 같네요." 허수아비가 말했습니다.

다음 날 아침, 녹색 구레나룻을 기른 병사가 양철 나무꾼에게 와서 말했습니다.

"오즈님께서 당신을 부르셨습니다. 저를 따라오세요."

그리하여 양철 나무꾼은 그를 따라가 위대한 왕좌가 있는 공식 알현 실에 도착했습니다. 그는 오즈를 사랑스러운 여인으로 만날지 아니면 머리로 만날지 알지 못했지만, 사랑스러운 여인이었으면 좋겠다고 바랐습니다. '왜냐하면, 만약 오즈가 머리라면, 나는 심장이 주어지지 않을 거라고 믿어. 머리는 스스로의 심장이 없기 때문에 나를 위해서 느낄 수 없기 때문이야. 그러나 만약 오즈가 사랑스러운 여인이라면, 나는 심장을 간절히 요청할 거야. 모든 여인은 친절한 마음을 가지고 있다고 전해지고 있으니까.'

그러나 양철 나무꾼이 위대한 왕좌가 있는 공식 알현 실에 들어갔을 때 그는 머리나 여인을 보지 못했습니다. 왜냐하면 오즈가 매우 끔찍한 야수의 형태를 취했기 때문입니다. 그것은 코끼리와 거의 같은 크기였고, 녹색 왕좌는 그 무게를 견뎌낼 수 없을 것 같아 보였습니다. 야수는 코뿔소와 같은 머리를 가졌으며, 얼굴에는 다섯 개의 눈이 있었습니다. 몸에서 다섯 개의 긴 팔이 나와 있었고, 또한 다섯 개의 길고 가는 다리가 있었습니다. 두꺼운 양털 같은 털이 그 모든 부분을 덮고 있어서, 이보다 더 끔찍한 괴물은 상상할 수 없었습니다. 그 순간 나무꾼이 심장이 없었다는 것은 다행이었습니다. 심장이 있다면 공포로 인해 크게 뜀박질을 했을 것이기 때문입니다. 그러나 양철로만 이루어진 나무꾼은 오즈의 모습에 매우 실망하긴 했지만, 전혀 두렵지는 않았습니다.

"나는 위대하고 무서운 오즈다. 너는 누구이며, 왜 나를 찾아왔는가?" 야수가 울부짖듯이 말했습니다.

"저는 나무꾼이며, 양철로 만들어졌습니다. 그래서 저는 심장이 없어 사랑할 수 없습니다. 다른 사람들처럼 될 수 있도록 저에게 심장을 주시기를 간절히 바랍니다."

"왜 내가 그렇게 해야 하지?" 야수는 요구했습니다.

"제가 요청하니까요. 당신만이 제 요청을 들어주실 수 있습니다."라고 양철 나무꾼이 대답했습니다.

오즈는 이에 낮은 으르렁거림을 보였고, 거칠게 말했습니다. "네가 정말로 심장을 원한다면, 그것을 얻어야겠지."

"어떻게요?" 양철 나무꾼이 물었습니다.

"서쪽의 나쁜 마녀를 처치하도록 도로시를 도와주어라. 마녀가 죽으면 나에게 와라. 그때 나는 오즈의 땅에서 가장 크고 가장 친절하며 가장 사랑스러운 심장을 너에게 주겠노라." 야수가 대답했습니다.

양철 나무꾼은 슬픈 마음으로 친구들에게 돌아가 그가 본 끔찍한 야수에 대해 이야기할 수밖에 없었습니다. 그들은 모두 위대한 마법사가 취할 수 있는 여러 형태에 대해 크게 놀랐고, 사자가 말했습니다.

"만약 내가 그를 만나러 갈 때 그가 야수라면, 나는 가장 크게 포효해서, 그를 겁먹게 만들어 내가 요구하는 모든 것을 들어주게 할 거야. 그리고 만약 그가 사랑스러운 여인이라면, 나는 그녀에게 달려드는 척 해서 그녀로 하여금 내 명령을 따르도록 강요할 거야. 그리고 또한 그가 거대한 머리라면, 나에게 빌도록 만들 거야. 왜냐하면 그가 우리가 원하는 것을 주겠다고 약속할 때까지 나는 그 머리를 굴리면서 방 안을 돌아다닐 것이기 때문이야. 그러니 모두들 힘들을 내자고, 나의 친구들아, 모든 것을 아직은 모르니까 잘 될 거야."

다음 날 아침, 녹색 구레나룻을 기른 병사가 사자를 위대한 왕좌가 있는 공식 알현 실로 안내하여 오즈의 면전에 들어가도록 했습니다.

사자는 즉시 문을 통과해서, 주위를 둘러보았더니, 놀랍게도 왕좌 앞에 불덩어리가 있는 것을 보았습니다. 그렇게 맹렬하게 타오르는 불빛에 그는 거의 바라보기 힘들 지경이었습니다. 그가 처음으로 든 생각은 오즈가 우연히 불에 타고 있다는 것이었으나, 가까이 가려고 했을 때 너무 뜨거워서 그의 수염을 태우고 말았습니다. 그는 벌벌 떨면서 문 쪽에 좀 더 가까운 장소로 살금살금 되돌아갔습니다.

그러자 불덩이에서 낮고 조용한 목소리가 흘러 나왔고, 그것이 말한 것은 이 단어들이었습니다.

"나는 위대하고 무서운 오즈다. 너는 누구이며, 왜 나를 찾아왔는가?"

사자가 대답했습니다. "나는 모든 것을 두려워하는 겁쟁이 사자입니다. 오즈님에게 용기를 달라고 간청하기 위해 왔습니다. 그래야만 실제로 나는 사람들이 말하는 동물의 왕이 될 수 있습니다."

"내가 너에게 왜 용기를 줘야 하지?"라고 오즈가 요구했습니다.

"모든 마법사 중에서 오즈님이 가장 위대하며, 오즈님만이 유일하게 제 요청을 들어줄 힘이 있습니다."라고 사자가 대답했습니다.

불덩이는 잠시 동안 맹렬히 불타올랐고, 다시 목소리가 말했습니다. "서쪽의 나쁜 마녀가 죽었다는 증거를 가져오면 그 순간에 너에게 용기를 주겠다. 그러나 마녀가 살아있는 한, 너는 여전히 겁쟁이로 남을 것이다."

사자는 이 말에 화가 났지만 아무런 대답도 할 수 없었습니다. 그가 침묵 속에서 불덩어리를 응시하고 있을 때, 불덩이가 너무 뜨거워지자 결국 그는 고개를 돌리고 방을 뛰쳐나왔습니다. 그는 친구들이 자신을 기다리고 있다는 것을 기쁘게 생각했고, 마법사와의 끔찍한 만남에 대해 그들에게 이야기했습니다.

"이제 우리는 뭘 해야 하죠?"라고 도로시가 슬프게 물었습니다.

"우리가 할 수 있는 일은 단 하나, 그건 윙키들의 땅으로 가서 나쁜 마녀를 찾아서 죽이는 것입니다." 사자가 대답했습니다.

"하지만 우리가 할 수 없다면?" 도로시가 말했습니다.

"그렇다면 나는 결코 용기를 가질 수 없죠."

"나는 결코 뇌를 가질 수 없죠." 허수아비가 덧붙였습니다.

"나는 결코 심장을 가질 수 없죠."라고 양철 나무꾼이 말했습니다.

"나는 엠 아줌마와 헨리 아저씨를 다시는 볼 수 없게 되는 거죠."라고 도로시가 말하며 울기 시작했습니다.

"조심하세요! 눈물이 당신의 녹색 실크 드레스에 떨어져 얼룩질 것입니다."라고 녹색 소녀가 외쳤습니다.

그래서 도로시는 눈물을 닦고 말했습니다. "우리는 시도는 해야 한다고 생각해요. 하지만 나는 누군가를 죽이고 싶지 않아요. 심지어 엠 아줌마를 다시 보기 위해서 라도요."

"도로시와 함께 가겠습니다. 하지만 나는 마녀를 죽일 용기가 너무 부족합니다." 사자가 말했습니다.

"나도 가겠습니다. 하지만 저는 여러분에게 큰 도움이 되지 못할 겁니다. 저는 너무 어리석으니까요."라고 허수아비가 분명히 말했습니다.

"마녀에게 해를 끼칠 마음은 없지만, 여러분이 간다면 저도 반드시 함께 가겠습니다."리고 양철 나무꾼이 말했습니다.

따라서 그들은 다음 날 아침에 여행을 시작하기로 결정하였고, 양철 나무꾼은 녹색 숫돌에 도끼날을 갈고 모든 관절에 기름을 잘 발랐습니다. 허수아비는 신선한 지푸라기로 자신의 몸을 가득 채웠고, 도로시는 허수아비의 눈이 더 잘 보이도록 새로운 페인트로 눈을 덧칠해 주었습니다. 매우 친절했던 녹색 소녀는 도로시의 바구니에 좋은 먹을 것들을 가득 채워 주었고, 토토의 목에 있는 녹색 리본에 작은 종을 달아 주었습니다.

그들은 꽤 일찍 잠자리에 들어 깊이 잠들었으며, 날이 밝아올 때까지 잠을 자다가 궁전 뒷마당에 살고 있는 녹색 수탉의 울음소리와 녹색 달걀을 낳은 암탉의 꽥꽥거림에 의해 깨어났습니다.

제12장
서쪽 나쁜 마녀 찾기

녹색 구레나룻을 기른 병사는 도로시와 친구들을 에메랄드 시의 거리로 안내하여 문지기가 살고 있는 방에 도착했습니다. 문지기는 그들의 안경을 벗게 하고 큰 상자에 다시 넣었습니다. 그런 다음 정중하게 친구들을 위해 성문을 열어주었습니다.

"서쪽의 나쁜 마녀에게로 가는 길이 어느 길인가요?"라고 도로시가 물었습니다.

"길이 없습니다. 아무도 그쪽으로 가고 싶어 하지 않습니다."라고 문지기가 대답했습니다.

"그렇다면 우리는 그녀를 어떻게 찾을 수 있을까요?"라고 도로시가 물었습니다.

"그건 쉬울 겁니다. 마녀가 여러분이 윙키의 나라에 있다는 것을 알게 되면, 그녀는 여러분을 찾아내어, 노예로 만들 것이기 때

문입니다." 문지기가 대답했습니다.

"아마 그렇게는 안 될 겁니다. 우리가 그녀를 죽이게 될 테니까 요." 허수아비가 말했습니다.

"아, 그렇다면 얘기가 다르죠. 그녀를 죽인 사람은 없었으니까, 나는 당연히 그녀가 여러분을 다른 사람처럼 노예로 만들 것이라고 생각했습니다. 하지만 조심하세요. 그녀는 워낙 사악하고 사나워서 여러분이 그녀를 죽이는 것을 쉽게 허락하지 않을 겁니다. 태양이 지는 서쪽으로 가세요. 그러면 마녀를 찾는 데 어렵지 않을 것입니다." 문지기가 말했습니다.

도로시와 친구들은 문지기에게 감사의 표시를 하고 작별 인사를 한 후, 서쪽으로 향하며 여기저기 작은 데이지와 미나리아재비 꽃이 점점이 박힌 부드러운 풀밭 위를 걸었습니다. 도로시는 여전히 궁전에서 입었던 예쁜 실크 드레스를 입고 있었지만, 놀랍게도 그것이 더 이상 녹색이 아니고 순수한 흰색임을 알게 되었습니다. 토토의 목에 감겨 있던 리본도 녹색이 아닌 도로시의 드레스처럼 하얗게 변해 있었습니다.

에메랄드 시로부터 점점 더 멀어졌습니다. 도로시와 친구들이 지나가면 갈수록 땅은 점점 거칠어졌고 언덕이 많아졌습니다. 왜냐하면 이 서쪽 나라 풍경은 농장이나 집이 없었고 땅은 경작되지 않았기 때문입니다.

오후의 태양빛이 그들의 얼굴을 뜨겁게 비추었고, 뜨거운 태양빛을 피할 그늘을 제공할 나무가 없었기 때문에 밤이 되기도 전에 도로시와 토토와 사자는 더위에 지쳐서 풀밭에 누워 잠이 들었으며, 양철 나무꾼과 허수아비가 그들을 지켰습니다.

서쪽 나라의 나쁜 마녀는 눈이 한 쪽 밖에 없는 애꾸였지만,

그 눈은 망원경처럼 강력하여 어디든지 볼 수 있었습니다. 그래서 그녀는 자신의 성 문 앞에 앉아 있던 중 주위를 둘러보았고, 친구들과 함께 잠들어 있는 도로시를 발견했습니다. 그들의 위치는 꽤나 먼 거리였지만, 나쁜 마녀는 그들이 자신의 나라에 있는 것을 보고 화가 났습니다. 그래서 그녀는 목에 걸려 있는 은색 호루라기를 한 번 불었습니다.

사방에서 엄청난 늑대 무리가 그녀에게 달려왔습니다. 늑대들은 길고 강한 다리와 사나운 눈, 그리고 날카로운 이빨을 가지고 있었습니다.

"저 사람들에게 가서 그들을 갈기갈기 찢어버려라." 마녀가 말했습니다.

"그들을 노예로 삼을 작정은 아닌가요?" 늑대들의 우두머리가 물었습니다.

"그래, 하나는 양철로 된 것이고, 하나는 지푸라기로 된 것이야. 한 명은 소녀이고 다른 한 명은 사자야. 그들 중 어느 것도 노예로 만들기에 적합하지 않아! 그러니 그것들을 작은 조각으로 갈기갈기 찢어버려도 좋다." 마녀가 대답했습니다.

"아주 잘 알겠습니다."라고 우두머리 늑대가 말하고 전속력으로 달려갔으며, 다른 늑대들도 우두머리 늑대를 따라 전속력으로 뒤따라갔습니다.

허수아비와 양철 나무꾼이 깨어 있어 늑대들이 오는 소리를 들었다니 다행이었습니다.

"이것은 제 싸움입니다. 그러니 제 뒤에 서 계십시오. 그들이 오는 대로 내가 맞서겠습니다." 양철 나무꾼이 말했습니다.

양철 나무꾼은 매우 날카롭게 만든 도끼를 움켜쥐었고, 늑대의 우두머리가 나타나자 양철 나무꾼이 팔을 휘둘러 우두머리 늑대의 머리를 잘라 즉사시켰습니다. 나무꾼이 도끼를 들어 올리자마자 다른 늑대가 다가왔고, 그 역시 양철 나무꾼의 날카로운 도끼질에 쓰러졌습니다. 40마리의 늑대가 있었고, 40번의 도끼질로 늑대가 모두 죽었습니다. 결국 늑대들은 모두 양철 나무꾼 앞에 무더기로 죽어 누웠습니다.

나무꾼은 도끼를 내려놓고 허수아비 옆에 앉았습니다. 허수아비가 말했습니다. "정말 훌륭한 싸움이었습니다, 친구."

그들은 다음 날 아침 도로시가 깨어날 때까지 기다렸습니다.

도로시는 크고 덩치가 큰 덥수룩한 털을 가진 늑대들의 시체가 수북이 쌓여 있는 모습을 보고 소스라치게 깜짝 놀랐지만, 양철 나무꾼이 모든 것을 설명해 주자 도로시는 그들을 구해 준 것에 대해 감사를 표하고 아침식사를 마친 후 다시 서쪽으로의 여행을 시작했습니다.

같은 날 아침에 나쁜 마녀는 자신의 성 문으로 와서 멀리 볼 수 있는 애꾸눈으로 밖을 바라보았습니다. 그녀는 자신의 늑대들이 모두 죽어 누워 있는 것을 보았고, 이방인들이 여전히 자신의 나라를 돌아다니고 있는 것을 보았습니다. 이제는 그녀를 이전보다 더욱 화가 치밀어 올랐고, 그래서 그녀는 은색 호루라기를 두 번 불었습니다.

즉시 엄청난 수의 야생 까마귀 떼가 그녀를 향해 날아와서 하늘을 덮었습니다.

나쁜 마녀는 우두머리 까마귀에게 말했습니다. "당장 이방인들에게 날아가거라. 그들의 눈을 쪼아서 갈기갈기 찢어버려라."

야생 까마귀들이 도로시와 친구들을 향해 떼를 지어 날아갔습니다. 도로시는 까마귀 떼가 다가오는 것을 보자 매우 두려웠습니다.

그러나 허수아비가 말했습니다. "이것은 제 싸움이니, 나의 옆에 엎드려 있으면 별일 없을 겁니다."

그래서 허수아비를 제외한 모두가 땅에 엎드렸고, 허수아비는 일어나 팔을 쫙 펼쳤습니다. 그러자 까마귀들이 허수아비를 보고는 두려워했습니다. 항상 이러한 새들은 허수아비를 두려워해서 감히 허수아비 가까이 오지 않습니다. 이때 우두머리 까마귀가 말했습니다.

"그것은 단지 지푸라기로 꽉 찬 허수아비 인간일 뿐이야. 내가 그의 눈을 쪼아버리겠다."

우두머리 까마귀가 허수아비에게 날아갔고, 허수아비는 우두머리 까마귀의 머리를 잡고 목을 비틀어 죽였습니다. 그리고 또 다른 까마귀가 그에게 날아왔고, 허수아비는 그것들의 목도 비틀었습니다. 까마귀는 40마리였고, 허수아비는 40번 목을 비틀어 결국 모두 허수아비 곁에 죽어 누워 있었습니다. 그리고 나서 허수아비는 친구들에게 일어나라고 했고, 도로시와 친구들은 다시 서쪽으로의 여행을 시작했습니다.

나쁜 마녀가 다시 밖을 바라보고 모든 까마귀들이 무더기로 누워 죽어 있는 것을 보자, 그녀는 끔찍하고 격렬한 분노에 휩싸였고, 즉시 은색 호루라기를 세 번 불었습니다.

그 즉시 공기 중에 큰 윙윙거리는 소리기 들렸고, 검은 벌떼가 그녀를 향해 날아왔습니다.

"이방인들에게 가서 침으로 쏘아 죽여라!" 마녀가 명령하자 검은 벌들은 몸을 돌려 재빨리 도로시와 친구들이 걷고 있는 곳으로 날아갔습니다. 하지만 양철 나무꾼은 검은 벌들이 오는 것을 보았고, 허수아비는 무엇을 어떻게 해야 할지 방법을 찾아냈습니다.

"내 몸의 지푸라기를 꺼내서 도로시와 토토, 그리고 사자 위에 흩어놓아요. 그러면 벌들이 침을 쏘지 못할 겁니다." 하수아비가 양철 나무꾼에게 말했습니다. 양철 나무꾼은 도로시가 토토를 안고 사자 곁에 가까이 누워 있을 때, 지푸라기로 그들을 완전히 덮었습니다.

벌들은 도로시와 친구들에게 도착했을 때, 양철 나무꾼 외에는 아무도 찾을 수 없었기에 양철 나무꾼에게 달려들었습니다. 검은 벌들의 모든 침은 양철에 부딪어 모두 부러졌고, 양철 나무꾼은 전혀 다치지 않았습니다. 벌들은 침이 부러지면 살 수 없기 때문에 검은 벌들은 그렇게 해서 모두 죽고 말았습니다. 벌들의 시체가 양철 나무꾼 주위에 작은 석탄 더미처럼 두껍게 흩어져 있었습니다.

이제야 도로시와 사자는 일어났고, 도로시는 양철 나무꾼과 함께 허수아비에게 지푸라기를 다시 채워 넣었습니다. 그렇게 해서 허수아비가 예전처럼 되었습니다. 그리하여 그들은 다시 서쪽으로의 여행을 시작했습니다.

　나쁜 마녀는 검은 벌들이 작은 석탄 더미처럼 작은 무더기로 쌓여 있는 것을 보고 너무 화가 나서 발을 동동 구르고 머리카락을 쥐어짜고 이를 부드득 갈았습니다. 그러고 나서 그녀는 윙키족의 노예 12명을 불러 날카로운 창을 나눠 주면서 이방인들에게 가서 그들을 죽이라고 말했습니다.

　노예인 윙키들은 용감한 사람들은 아니었지만, 그들은 마녀가 지시한 대로 해야만 했습니다. 그래서 그들은 도로시와 친구들이 있는 곳까지 행진했습니다. 그때 사자가 크게 포효하며 그들에게 뛰어들자, 불쌍한 윙키들은 너무 두려워서 재빨리 뒤로 도망쳤습니다.

노예 윙키들이 성으로 되돌아오자, 나쁜 마녀는 그들을 채찍으로 매우 때렸고, 이내 다시 그들의 일터로 돌려보냈습니다. 그러고 나서 그녀는 다음에 어떻게 해야 할지 생각하기 위해 앉았습니다. 그녀는 이 이방인을 없애려는 모든 계획이 어떻게 실패했는지 이해할 수 없었습니다. 그러나 그녀는 매우 사악한 마녀일뿐만 아니라 강력한 마녀였기에, 곧 어떻게 해야 할 지를 결심했습니다.

마녀의 찬장에는 다이아몬드와 루비가 잔뜩 둘러싸인 황금모자가 있었습니다. 이 황금 모자는 마법의 모자였습니다. 마법을 부릴 수 있는 이 황금 모자의 주인은 날개 달린 원숭이를 세 번 불러낼 수 있었고, 그 원숭이들은 모자 주인의 명령에 따라야 했습니다. 그러나 어떤 사람도 이 날개 달린 원숭이들을 세 번 이상 불러내어 명령할 수는 없었습니다. 나쁜 마녀는 이미 두 번이나 모자의 마법을 사용했습니다. 한 번은 그녀가 윙키들을 자신의 노예로 만들고 그들의 나라를 지배하기로 했을 때였습니다. 날개 달린 원숭이들의 도움으로 그녀는 윙키들을 자신의 노예로 만들 수 있었습니다. 두 번째는 그녀가 위대한 오즈와 싸우고 그를 서쪽 땅에서 쫓아냈을 때였습니다. 날개 달린 원숭이들도 그녀를 도와 오즈를 서쪽 나라 밖으로 쫓아냈습니다. 그녀는 이 황금 모자를 한 번 더 사용할 수 있었지만, 그녀의 모든 힘이 소진될 때까지 그렇게 하고 싶지 않았습니다. 하지만 이제 그녀의 사나운 늑대들과 야생 까마귀들, 침을 쏘는 벌들이 사라지고, 겁쟁이 사자에 의해 그녀의 윙키 노예들이 도망쳤으니, 그녀는 도로시와 친구들을 죽일 수 있는 방법이 오직 한 가지만이 남아 있음을 깨달았습니다.

그래서 나쁜 마녀는 그녀의 찬장에서 황금 모자를 꺼내 머리에 썼습니다. 그리고는 왼발로 서서 천천히 말했습니다.

"엡-페, 펩-페, 카-케!"

다음에 그녀는 오른발로 서서 말했습니다.

"힐-로, 홀-로, 헬-로!"

그 후 그녀는 두 발로 서서 큰 소리로 외쳤습니다.

"지즈-지, 주즈-지, 지크!"

이제 마법이 작동하기 시작했습니다. 하늘이 어두워졌고, 공기 중에서 낮은 우르릉거리는 소리가 들렸습니다. 많은 날개가 급작스럽고 세차게 움직이는 소리와 함께 커다란 재잘거리는 소리와 웃음소리가 있었으며, 어두운 하늘에서 태양이 나타나 나쁜 마녀가 많은 원숭이들에 둘러싸인 모습을 볼 수 있었습니다. 이 원숭이들은 어깨에 거대하고 강력한 두 쌍의 날개를 지니고 있었습니다.

다른 것들보다 훨씬 큰 하나가 있었으니 그가 원숭이들의 우두머리인 듯 보였습니다. 우두머리 원숭이는 마녀에게 가까이 날아가서 말했습니다. "주인님은 우리를 세 번째이자 마지막으로 부르셨습니다. 무엇을 명령하시겠습니까?"

"내 땅 안에 들어온 이방인들에게로 가서 사자만 빼고 다 죽

여 버려라. 사자는 내게로 데려 오거라. 나는 사자를 말처럼 마구를 묶어 일을 시켜야겠다." 나쁜 마녀가 말했습니다.

"주인님의 명령에 복종하겠습니다."라고 우두머리 원숭이가 말했습니다. 그런 다음 많은 찍찍 재잘거리는 소리와 함께 날개 달린 원숭이들이 도로시와 친구들이 걷고 있는 곳으로 날아갔습니다.

일부 원숭이들이 양철 나무꾼을 붙잡아 하늘로 나르기 시작했습니다. 원숭이들은 날카로운 바위가 잔뜩 있는 곳으로 날아가서는 불행한 양철 나무꾼을 떨어뜨렸고, 양철 나무꾼은 뾰족한 바위 위로 떨어져서 크게 다치고 찌그러져서 움직이거나 신음조차 낼 수 없었습니다.

또 다른 원숭이들은 허수아비를 붙잡고 긴 손가락으로 그의 옷과 머리에서 모든 지푸라기를 빼냈습니다. 그들은 그의 모자와 부츠, 옷을 작은 묶음으로 만들어 높은 나무의 가지 위로 던져버렸습니다.

남은 원숭이들은 사자를 둘러싸고 튼튼한 밧줄의 한 부분을 던져 사자의 몸과 머리, 다리에 여러 번 휘감아서 사자가 어떤 방식으로도 물거나 긁거나 몸부림칠 수 없게 단단히 묶었습니다. 그런 다음 그들은 사자를 높이 들어 올려 마녀의 성으로 날아갔습니다. 그곳에서 사자는 높은 철조망으로 둘러싸인 작은 마당에 갇혀 도망칠 수 없게 되었습니다.

그러나 도로시는 전혀 해를 입지 않았습니다. 도로시는 토토를 품에 안고 친구들의 슬픈 운명을 지켜보며 곧 자신에게도 같은 일이 일어날 것이라고 생각했습니다. 날개 달린 원숭이의 우두머리가 도로시에게 날아와 긴 털투성이 팔을 쭉 뻗고 끔찍하게 찡그린 얼굴로 씨-익 웃었습니다. 그러나 원숭이는 도로시의 이마에 착한 마녀의 입맞춤 자국이 있는 것을 보고 멈춰서 다른 원숭이들에게 그녀를 건드리지 말라는 신호를 보냈습니다.

"우리는 감히 이 어린 소녀를 해칠 수 없다. 왜냐하면 그녀는 착한 힘에 의해 보호받고 있으며, 그것은 나쁜 힘보다 더 위대하다. 우리가 할 수 있는 일은 그녀를 나쁜 마녀의 성으로 데려가서 그곳에 놓아두는 것뿐이다." 우두머리 원숭이가 다른 원숭이들에게 말했습니다.

그래서 원숭이들은 조심스럽고 부드럽게 도로시를 두 팔에 안고 공중을 빠르게 날아 나쁜 마녀의 성에 도착하였고, 그곳에서

그녀를 성문 앞 문간의 계단에 내려놓았습니다. 그리고 우두머리 원숭이가 마녀에게 말했습니다.

"우리는 지금껏 할 수 있는 데까지 주인님에게 복종했습니다.

양철 나무꾼과 허수아비는 죽었고 사자는 마당 안에 묶여 갇혀 있습니다. 우리는 어린 소녀와 그녀가 품에 안고 있는 개는 감히 해칠 수 없습니다. 우리를 복종케 하는 주인님의 힘은 이제 끝났으며, 주인님은 다시는 우리를 볼 수 없을 것입니다."

그러자 모든 날개 달린 원숭이들이 많은 웃음과 재잘거림의 소음을 내며 공중으로 날아올라 곧 시야에서 사라졌습니다.

나쁜 마녀는 도로시의 이마에 있는 입맞춤 자국을 보고 놀랍기도 하고 걱정스럽기도 했습니다. 왜냐하면 그녀는 날개 달린 원숭이들이 그런 것처럼 자신도 그 소녀에게 어떤 방식으로도 해를 끼칠 수 없다는 것을 잘 알고 있었기 때문입니다. 마녀는 도로시의 발을 내려다보고는, 은빛 신발을 보고 두려움에 떨기 시작했습니다. 왜냐하면 은빛 신발이 얼마나 강력한 마력을 지니고 있는지 잘 알기 때문입니다. 처음에 마녀는 도로시에게서 도망치고 싶었습니다. 하지만 그녀는 우연히 도로시의 눈을 들여다보았고, 그 눈 속에 있는 영혼이 얼마나 순한지를 보았으며, 도로시가 은빛 신발이 갖고 있는 멋진 힘에 대해 전혀 알지 못한다는 것을 깨달았습니다. 그래서 나쁜 마녀는 혼자 조용히 웃으며 생각했습니다. '나는 아직 이 소녀를 내 노예로 만들 수 있겠어. 어린 소녀는 자신의 힘을 사용하는 방법을 모르고 있군.' 그런 다음 그녀는 도로시에게 거칠고 심한 목소리로 말했습니다.

"나와 함께 가자. 내가 하는 말은 뭐든지 잘 들어야 한다. 그렇지 않으면 내가 양철 나무꾼과 허수아비를 해치운 것처럼 너를 똑같이 끝내버릴 것이다."

도로시는 마녀를 따라 성의 아름다운 여러 방을 지나서 주방에 이르렀습니다. 마녀는 도로시에게 냄비와 주전자를 깨끗이 닦고, 바닥을 쓸고, 장작 나무로 불을 계속 지피도록 명령했습니다.

도로시는 자신의 최선을 다해 일하기로 결심하고 조용히 일을 하러 갔습니다. 나쁜 마녀가 그녀를 죽이지 않고 일을 시키기로 결정한 것에 대해 매우 다행스럽게 생각했습니다.

도로시가 온순하게 일하고 있으므로, 마녀는 자신이 마당으로 가서 겁쟁이 사자를 말처럼 다루기 위해 마구를 채우려고 생각했습니다. 마녀는 자신이 원할 때마다 사자에게 그녀의 마차를 끌게 만들면 재미있을 것이라고 생각했습니다. 하지만 그녀가 철조망의 문을 열자 사자가 크게 포효를 하며 너무 사납게 달려들어서 마녀는 두려움을 느끼고 다시 밖으로 뛰쳐나가 문을 닫았습니다.

"내가 너에게 마구를 씌울 수 없다면, 너를 굶겨 죽일 것이다. 내가 원하는 대로 하기 전까지는 아무것도 먹지 못할 것이다." 마녀가 철조망 너머로 사자에게 말했습니다.

그래서 그 후 마녀는 감옥에 갇힌 사자에게 음식을 주지 않았습니다. 매일 정오에 문에 와서 "말처럼 마구를 쓸 준비가 되었나?"라고 물었습니다.

"아니. 이 마당에 들어오기만 하면, 당신을 물어뜯겠다." 사자가 대답했습니다.

사자가 마녀가 원하는 대로 하지 않은 것은 매일 밤 마녀가 잠든 사이에 도로시가 찬장에서 음식을 꺼내 가져다주었기 때문입니다. 사자가 음식을 다 먹고 나면 지푸라기로 된 침대에 누웠고, 도로시는 사자의 부드럽고 더부룩한 갈기에 머리를 누이고, 그들의 고충을 서로 이야기하면서 어떻게 하면 탈출할 수 있을지 계획을 세우곤 했습니다. 그러나 도로시와 사자는 성 밖으로 나갈 방법을 찾을 수 없었습니다. 왜냐하면 악독한 마녀의 노예인 노란색 윙키들이 항상 감시하고 있었기 때문입니다. 그들은 마녀가 너무 두려웠기 때문에 시키는 대로 하지 않을 수 없었습니다.

도로시는 낮 동안 열심히 일해야 했고, 종종 마녀는 그녀가 항상 손에 들고 있던 오래된 우산으로 때리겠다고 위협하곤 했습니다. 그러나 사실 마녀는 도로시의 이마에 있는 입맞춤 표식 때문에 그녀를 때릴 엄두도 내지 못했습니다. 도로시는 이러한 사실을 알지 못했고, 그래서 자신과 토토는 두려움으로 가득 차 있었습니다. 한번은 마녀가 토토를 우산으로 때렸을 때, 용감한 토토가 마녀에게 달려들어 마녀의 다리를 문 적이 있었습니다. 마녀의 다리는 물렸지만 피가 나지 않았습니다. 왜냐하면 마녀는 너무 악독하여 여러 해 전에 마녀의 피가 말라버렸기 때문입니다.

도로시는 캔자스와 엠 아줌마에게 다시 돌아가는 것이 그 어느 때보다 어려워질 것이라는 사실을 깨닫게 되면서 매우 슬퍼졌습니다. 때때로 그녀는 몇 시간 동안 서러움에 울었고, 토토는 도로시의 발아래 앉아 얼굴을 바라보며 슬프게 짖어 자신의 주인에

대한 안타까움을 표현했습니다. 토토는 도로시와 함께 있는 한 캔자스에 있든 오즈의 땅에 있든 상관하지 않았지만, 도로시가 불행하다는 것을 알고는 토토도 역시 행복하지 않았습니다.

　나쁜 마녀는 도로시가 항상 신고 있는 은빛 신발을 자신의 것으로 만들고 싶었습니다. 마녀의 벌 떼와 까마귀 떼, 그리고 늑대들은 무더기로 쌓여 말라가고 있었고, 그녀는 황금 모자의 모든 힘을 다 사용해버렸습니다. 하지만 은빛 신발만 빼앗을 수 있다면, 그것들은 그녀가 잃어버린 모든 것보다 더 많은 힘을 줄 것이었습니다. 마녀는 도로시를 조심스럽게 지켜보고 있었습니다. 만약 도로시가 은빛 신발을 벗는다면, 은빛 신발을 훔칠 수 있을 거라 생각했기 때문입니다. 그러나 도로시는 자신의 예쁜 신발이 자랑스러워서 밤에 잠 잘 때나 목욕할 때를 제외하고는 신발을 벗지 않았습니다. 마녀는 어둠을 두려워해서 도로시가 잠든 밤에 그녀의 방에 들어가 신발을 빼앗을 용기가 없었으며, 물에 대한 공포는 어둠에 대한 두려움보다 더 컸기 때문에 도로시가 목욕할 때는 가까이 가지도 못했습니다. 사실, 늙은 마녀는 물을 만져 본 적이 없었고, 어떤 방식으로든 물이 그녀에게 닿지 않게 했습니다.

그러나 나쁜 마녀는 매우 교활해서, 마침내 자신이 원하는 것을 얻을 수 있는 속임수를 생각해냈습니다. 그녀는 주방 바닥 한가운데 철로 된 막대를 걸어놓고, 마법의 힘을 이용하여 그 철 막대를 인간의 눈에 보이지 않게 만들었습니다. 그래서 도로시가 주방 바닥을 가로질러 걷고 있을 때 철 막대를 보지 못하기 때문에 걸려 넘어졌습니다. 도로시가 크게 다치지는 않았지만, 넘어지는 바람에 은빛 신발 중 한 짝이 벗겨 떨어졌고 도로시가 그 신발에 닿기 전에 마녀는 재빠르게 그것을 잡아 빼앗아 자신의 비쩍 마른 발에 신었습니다.

나쁜 마녀는 자신의 속임수가 성공한 것에 대해 매우 만족했습니다. 그녀는 자신이 가진 신발 한 짝만 있어도 마법의 힘의 절반을 갖고 있는 것이고, 도로시가 비록 마법을 사용하는 법을 안다고 하더라도 마법을 사용하여 그녀에게 어떻게 할 수 없을 것이었습니다.

도로시는 예쁜 신발 한 짝을 잃어버린 것을 보고 화가 나서 마녀에게 말했습니다. "내 신발을 돌려주세요!"

"그렇게 할 수 없지. 지금은 내 신발이지 너의 것이 아니야." 마녀가 대답했습니다.

"당신은 악랄한 사람이에요! 당신은 내 신발을 빼앗을 권리가 없어요."라고 도로시가 외쳤습니다.

"이제는 내꺼야! 곧 너에게서 다른 한 짝도 뺏어 올 거야." 마녀가 도로시를 비웃으면서 말했습니다.

매우 화가 난 도로시는 가까이에 있던 물통을 집어 들고 마녀에게 물을 쏟아 부었습니다. 마녀는 머리부터 발끝까지 온 몸이 흠뻑 젖었습니다.

그 순간 나쁜 마녀가 크게 두려움을 느끼고 소리를 질렀고, 이

에 도로시는 놀라서 마녀를 바라보았습니다. 마녀는 점점 오그라들기 시작하더니, 이네 사라지기 시작했습니다.

"네가 뭘 했는지 봐라! 나는 곧 녹아버린다고." 마녀가 소리쳤습니다.

"정말 미안해요."라고 도로시는 실제로 눈앞에서 갈색 설탕이 녹는 것처럼 마녀가 녹아내리는 것을 보고 진짜로 겁에 질려 말했습니다.

"물에 젖으면 내가 끝장난다는 것을 너는 몰랐느냐?"라고 마녀가 울부짖듯 절망적인 목소리로 물었습니다.

"물론 몰랐죠. 어떻게 내가 그걸 알겠어요?"라고 도로시가 대답했습니다.

"좋다. 곧 있으면 나는 모두 녹아 사라질 것이고, 너는 이 성의 주인이 될 것이다. 내가 한 평생 나쁜 짓을 많이 하며 살아왔지만, 너 같은 어린 소녀에게 당해 녹아내려서 나의 나쁜 짓이 이렇게 끝날 줄은 미처 몰랐다. 조심해라-나는 지금 간다!"

이 말을 마지막으로 마녀는 갈색의 녹아내린 형체 없는 설탕물이 되어 버렸고, 주방 바닥의 깨끗한 판자 위로 퍼지기 시작했습니다. 그녀가 정말로 아무것도 남지 않고 녹아버렸을 때, 도로시는 또 다른 물 양동이를 가져와 갈색 설탕물에 물을 쏟아 부었습니다. 그리고는 그것을 모두 문 밖으로 쓸어냈습니다. 늙은 마녀의 유일하게 남은 은빛 신발 한 짝을 천으로 깨끗하게 닦고 말린 후 다시 발에 신었습니다. 마침내 자기가 원하는 대로 할 수 있게 된 도로시는 뜰로 달려가서 사자에게 서쪽 나라의 나쁜 마녀가 죽었고, 이제는 그들이 더 이상 이 나라의 포로가 아니라는 것을 말했습니다.

제13장

친구들을 구하는 도로시

겁쟁이 사자는 나쁜 마녀가 물 한 동이로 녹아버렸다는 얘기를 듣고 매우 기뻐했고, 도로시는 사자를 철로 된 문을 열고 그를 자유롭게 해주었습니다. 그들은 함께 성으로 갔고, 도로시가 처음으로 한 것은 모든 윙키들을 모아 놓고 그들이 이제는 더 이상 노예가 아니라고 알리는 것이었습니다.

노란 윙키들은 서로서로 큰 기쁨을 나누었습니다. 그들은 마녀에게 여러 해 동안 힘들게 일하도록 강요당했기 때문입니다. 윙키들은 바로 오늘 이 날을 휴일로 삼았고, 그 이후로도 계속해서 이날에는 잔치와 춤을 추며 시간을 보냈다고 합니다.

"우리 친구들인 허수아비와 양철 나무꾼이 함께 있다면, 우리는 얼마나 행복했을까." 사자가 말했습니다.

"우리가 그들을 구할 수 있지 않을까요?"라고 도로시가 간절히 바라며 물었습니다.

"한번 시도해보자고요." 사자가 대답했습니다.

도로시와 사자는 노란 윙키들을 불러 우리 친구들을 구하는 데 도움을 줄 수 있는지 물었고, 윙키들은 자신들을 해방시켜 준 도로시를 위해서라도 최선을 다하겠다고 기쁘게 대답했습니다. 그래서 도로시는 가장 현명할 것 같은 윙키들을 몇 명 선택했고, 그들과 함께 모두 출발했습니다. 출발한 다음 날이 되어서야 양철 나무꾼이 상처받고 구부러져 누워 있는 뾰족한 바위 천지의 들판에 도착했습니다. 양철 나무꾼의 도끼는 그의 근처에 있었지만, 날이 녹슬고 손잡이는 짧게 부러져 있었습니다.

윙키들이 그를 부드럽게 품에 안고 노란 성으로 옮겼습니다. 도로시는 그 과정에서 오래된 친구의 슬픈 처지를 보고 눈시울을 적셨고, 사자는 너무나도 안타깝게 양철 나무꾼의 모습을 바라보았습니다. 노란 성에 도착하자, 도로시는 윙키들에게 말했습니다.

"여러분 중에 누구라도 양철공이 있는지요?"

"아, 네. 능숙한 양철공이 우리 중 몇 명은 있습니다." 윙키들이 그녀에게 말했습니다.

"그럼 그들을 데려와 주세요." 도로시가 말했습니다. 그리고 양철공들이 도구를 바구니에 담아 가지고 오자, 도로시는 물었습니다. "여러분은 양철 나무꾼의 움푹 들어간 부분을 펴서 다시 원래의 모양을 잡아 주고, 부서진 곳을 납땜해 줄 수 있나요?"

양철공들은 양철 나무꾼을 신중하게 살펴본 후 그를 고칠 수 있다고 대답했습니다. 양철공들은 성의 큰 노란 방 중 하나에서 작업을 시작했고, 3박 4일 동안 망치질하고 비틀고 구부리며, 납땜하고 연마했고, 양철 나무꾼의 다리와 몸, 머리 부분을 두드리며 일했습니다. 마침내 그는 예전 모습으로 펴졌고 관절 또한 여전히 잘 움직였습니다. 물론 그에게 몇몇 덧댄 부분이 있었지만, 양철공들의 작업은 훌륭했고, 양철 나무꾼은 허영심이 없었기 때문에 그 몇몇 덧댄 부분에 대해서는 전혀 신경 쓰지 않았습니다.

마침내 양철 나무꾼은 도로시의 방으로 들어가 그녀에게 자신을 구해준 것에 대해 감사해 했으며, 그는 너무 기쁜 나머지 기쁨의 눈물을 흘렸습니다. 도로시는 양철 나무꾼의 얼굴에서 흘러내리는 모든 눈물을 조심스럽게 앞치마로 닦아내야만 했습니다. 그래야 양철 나무꾼의 관절이 녹슬지 않기 때문입니다. 동시에 도로시도 오랜 친구를 다시 만난 기쁨에 하염없이 눈물을 흘렸고, 이 눈물은 닦아낼 필요가 없었습니다. 사자에 관해서는, 그는 꼬리 끝으로 자신의 눈에서 흘러내리는 눈물을 자주 닦아내서 꽤 젖어버렸고, 그래서 그는 마당으로 나가 자신의 꼬리를 들고 태양에 말려야 했습니다.

"다시 허수아비가 우리와 함께 있었으면 좋겠는데."라고 양철 나무꾼이 말했습니다. 도로시가 그에게 일어난 모든 일을 다 이야기한 후, "저도 매우 행복할 것 같아요."

"허수아비를 찾아보아요."라고 도로시가 말했습니다.

그래서 도로시는 윙키들에게 도와달라고 요청했고, 그들은 하

루를 지나고 그 다음 날까지 걷다가 날개 달린 원숭이들이 허수
아비의 옷을 던져 놓은 키 큰 나무에 도착했습니다.

　나무가 엄청 컸으며, 나무의 줄기는 너무 매끄러워서 도저히 오를 수가 없었습니다. 그러자 양철 나무꾼은 말했습니다. "내가 그 나무를 베어내면, 허수아비의 옷을 되찾을 수 있을 것입니다."

양철공이 양철 나무꾼을 수리하는 동안, 또 다른 윙키 중 한 명인 금세공이 낡고 부러진 양철 나무꾼의 도끼 손잡이를 순금으로 도끼 손잡이를 만들어서 교체하고 도끼에 끼워 맞추었습니다. 또 다른 윙키들은 날을 광택 내어 녹이 제거되도록 하여 연마된 은처럼 반짝였습니다.

양철 나무꾼이 말을 마치자마자 곧 바로 나무를 베기 시작했고, 곧 나무가 털썩 소리를 내며 쓰러졌습니다. 나뭇가지에 걸려 있던 허수아비의 옷이 가지에서 떨어져 땅에 굴러 떨어졌습니다.

도로시는 허수아비의 옷들을 주워서 윙키들이 성으로 다시 가져가게 했고, 그곳에서 깨끗하고 질 좋은 지푸라기로 가득 채워졌습니다. 그리고 보십시오! 여기 허수아비가 평상시와 다름없이 좋아졌고, 구해준 것에 대해 여러 번 거듭 고마워했습니다.

도로시와 친구들이 다시 재회한 지금, 그들은 노란 성에서 얼마간 행복한 날들을 보냈습니다. 노란 성 안에는 그들이 편안하게 지내기 위해 필요한 모든 것을 찾을 수 있었습니다.

하지만 어느 날 도로시는 엠 아줌마를 생각하며 말했습니다. "우리는 다시 에메랄드 시의 오즈에게 돌아가 약속을 지키도록 해야 해요."

"네, 드디어 내가 심장을 얻겠군요." 양철 나무꾼이 말했습니다.

"나는 내 뇌를 가져올 수 있고요."라고 허수아비가 기쁘게 덧붙였습니다.

"나는 용기를 얻겠지요." 사자가 깊이 생각하며 말했습니다.

"나는 캔자스로 돌아갈 거예요. 오, 내일 바로 에메랄드 시로 출발합시다!"라고 도로시가 손뼉을 치며 외쳤습니다.

도로시와 친구들은 그렇게 하기로 결정했습니다. 다음 날 그들은 윙키들을 모아놓고 작별 인사를 했습니다. 윙키들은 그들이 떠나는 것을 아쉬워했고, 그들은 양철 나무꾼을 매우 좋아하게 되어 여기에 머물며 서쪽 나라의 노란 땅을 다스려 달라고 부탁했습니다. 하지만 그들이 떠나야 한다고 결심한 것을 알고는, 토토와 사자에게는 각각 금빛 목걸이를 주었고, 도로시에게는 다이아몬드로 장식된 아름다운 팔찌를 선물했습니다. 허수아비에게는 넘어지지 않게 금색 손잡이가 달린 지팡이를 주었고, 양철 나무꾼에게는 금으로 조각된 보석으로 세팅된 은색 기름통을 주었습니다.

도로시와 친구들은 윙키들에게 고맙다는 인사를 해주었고, 모두 그들과 팔이 아플 때까지 손을 흔들어 악수를 계속했습니다.

도로시는 에메랄드 시로의 여행을 위해 자신의 바구니에 음식을 채우러 마녀의 찬장에 갔습니다. 도로시는 거기에서 황금 모자를 보았고, 자신의 머리에 써보았으며, 꼭 맞는다는 것을 알게 되었습니다. 도로시는 황금 모자의 마법에 대해서는 아무것도 몰랐지만, 그것이 예쁘다고 생각했고, 그래서 그것을 쓰고 대신에 기존의 자신의 햇빛을 가리기 위한 모자는 바구니에 넣어 가기로 결심했습니다.

도로시와 친구들은 여행할 준비를 모두 마치자, 에메랄드 시로 출발하였습니다. 윙키들은 그들에게 세 번의 "안녕히, 잘 가세요!"를 외치고, 모두 좋은 여행이 되기를 기원했습니다.

제14장
날개 달린 원숭이들

나쁜 마녀의 성과 에메랄드 시 사이에는 어떤 길도 없었음을 기억하실 것입니다. 도로시와 친구들이 마녀를 찾아 나섰을 때, 마녀는 그들이 오는 것을 보았고 그래서 날개 달린 원숭이들을 보내 그들을 그녀에게 데려오게 했습니다. 그들은 미나리아재비와 노란 데이지 밭의 넓은 들판을 돌아오는 길을 찾는 것이 날개 달린 원숭이들에 의해 끌려갔던 것보다 훨씬 더 힘들다는 것을 알았습니다. 물론 도로시와 친구들은 동쪽, 즉 태양이 떠오르는 쪽으로 곧장 가야 한다는 것을 알고 있었고, 올바른 방향으로 움직이기 시작했습니다. 그러나 정오가 되어 태양이 그들의 머리 바로 위에 오자 도로시와 친구들은 동쪽이 어디인지 서쪽이 어디인지 헷갈렸고, 그래서 넓은 들판에서 길을 잃게 되었습니다. 그럼에도 불구하고 계속 걸어갔고, 밤에는 달이 떠서 환하게 비춰주었습니다. 그래서 도로시와 친구들은 달콤한 향이 나는 노란 꽃들 사이에 누워 아침까지 푹 잠을 잘 수 있었습니다. 허수아비와 양철 나무꾼을 제외한 모두.

다음 날 아침, 태양은 구름 뒤에 숨어 있었지만 도로시와 친구들은 자신들이 가고 있는 방향이 확실한 것처럼 계속 나아갔습니다.

"우리가 계속해서 충분히 걷다보면, 언젠가는 어떤 장소에 도착하겠지요." 도로시가 말했습니다.

그러나 시간은 서서히 지나갔고, 도로시와 친구들은 여전히 눈앞에 다만 붉은 들판만을 보았습니다. 허수아비가 약간 불평하기 시작했습니다.

"우리는 정말로 길을 잃어버린 것 같아요. 그리고 만약 우리가 에메랄드 시에 제때 도착하지 못한다면, 나는 결코 뇌를 얻을 수 없을 거예요." 허수아비가 말했습니다.

"내 심장도 그렇겠죠. 내가 오즈에 도착할 때까지 기다릴 수 없을 것 같습니다. 이 여행길은 너무나 멉니다."라고 양철 나무꾼이 분명히 말했습니다.

"보시다시피, 나는 가려는 곳까지가 어느 정도인지 정해지지 않으면 계속 걸을 용기가 없습니다." 겁쟁이 사자가 흐느끼며 말했습니다.

도로시도 낙담했습니다. 도로시는 풀밭에 앉아 친구들을 바라보았고, 친구들도 앉아 도로시를 바라보았습니다. 토토 또한 얼마나 피곤했는지 생애 처음으로 머리 위를 날아다니는 나비를 발견하고도 쫓기는커녕 그냥 멀뚱멀뚱 쳐다만 보고 있었습니다. 토토는 마치 다음에 무엇을 해야 할지를 묻는 듯이 혀를 내밀고 헐떡이면서 도로시를 쳐다보았습니다.

"들쥐를 불러보는 것은 어떨까요. 그들이 아마 에메랄드 시로 가는 길을 알려줄 수도 있을 것 같아요." 도로시가 제안했습니다.

"들쥐들은 틀림없이 알 거예요. 왜 우리가 진즉에 그런 생각을 하지 못했을까요?" 허수아비가 외쳤습니다.

도로시는 들쥐의 여왕이 그녀에게 준 작은 호루라기를 항상 목에 걸고 다녔습니다. 호루라기를 분지 얼마 지나지 않아, 도로시와 친구들은 작은 발의 쿵쿵거리는 소리를 들었고, 이내 많은 작은 회색 들쥐들이 도로시에게 달려왔습니다. 들쥐의 여왕은 쩌렁쩌렁한 목소리로 물었습니다.

"친구들을 위해 제가 무엇을 도와 드릴까요?"

"우리는 길을 잃었어요. 에메랄드 시로 가는 길을 알려 주실 수 있나요?"라고 도로시가 말했습니다.

"물론입니다. 하지만 그곳은 꽤 먼 거리입니다. 여러분은 지금껏 잘못된 반대 길로 오고 있었네요." 여왕이 대답했습니다. 그러고 나서 그녀는 도로시의 황금 모자를 보고 말했습니다. "왜 모자의 마법을 사용하여 날개 달린 원숭이들을 부르지 않으세요? 그들은 여러분을 오즈의 에메랄드 시로 한 시간도 안 걸려서 데려다 줄 텐데요."

"마력이 있는 모자인 줄 몰랐어요. 어떻게 해야 하죠?"라고 도로시가 놀라며 대답했습니다.

"황금 모자 안에 적혀 있어요. 하지만 날개 달린 원숭이들을 불러내면 우리는 도망가야 해요. 그들은 장난꾸러기들이라서, 우리를 괴롭히는 것을 재미있어 하거든요." 들쥐의 여왕이 대답했습니다.

"날개 달린 원숭이들이 저를 다치게 하지는 않을까요?"라고 도로시가 걱정스러운 표정으로 물었습니다.

"오, 아니에요. 그들은 모자의 주인에게 복종하게 되어 있거든요. 그럼 안녕히 가세요!" 들쥐의 여왕은 그녀를 뒤따르는 들쥐들을 데리고 시야에서 사라졌습니다.

도로시는 황금 모자를 들여다보았고 안감에 적힌 글자를 보았습니다. 도로시는 이것이 마법의 주문이라고 생각했고, 주의 사항을 주의 깊게 읽고 모자를 머리에 썼습니다.

"엡-페, 펩-페, 카-케!" 도로시가 왼발로 서서 말했습니다.

"뭐라고 말한 거예요?" 도로시가 무엇을 하고 있는지 모르는 허수아비가 말했습니다.

"힐-로, 홀-로, 헬-로!" 도로시가 이번에는 오른발로 서서 계속 말했습니다.

"안녕하세요!"라고 양철 나무꾼이 차분하게 대답했습니다.

"지즈-지, 주즈-지, 지크!"라고 도로시가 두 발로 서서 말했습니다. 이것이 마법의 주문의 끝이었습니다. 도로시와 친구들은 큰 울부짖는 소리와 날개 퍼덕이는 소리를 들었고, 날개 달린 원숭이들이 무리지어 그들에게로 날아오는 것을 보았습니다.

우두머리 원숭이가 도로시 앞에 낮게 머리를 숙이면서 물었습니다. "당신의 명령은 무엇입니까?"

"우리는 에메랄드 시로 가고 싶어요. 우리는 길을 잃었거든요." 도로시가 말했습니다.

"우리가 여러분을 데려다 드리겠습니다."라고 우두머리 원숭이가 말을 마치자마자 두 마리의 원숭이가 도로시를 품에 안고 날아갔습니다. 다른 원숭이들은 허수아비와 나무꾼, 사자를 데려갔고, 한 작은 원숭이는 그의 다리를 물려고 애쓰는 토토를 붙잡고 그들을 쫓아 따라 날아갔습니다.

허수아비와 양철 나무꾼은 처음에는 매우 두려워했습니다. 그들이 날개 달린 원숭이들에게 얼마나 끔찍하게 당했는지를 기억했기 때문입니다. 하지만 지금은 그들이 아무런 해를 끼칠 의도가 없음을 알았기에, 기분 좋게 공중을 가로지르며 멀리 펼쳐진 하늘 아래의 아름다운 정원과 숲을 바라보며 즐거운 시간을 보냈습니다.

도로시는 자신이 두 마리의 가장 큰 원숭이 사이에서 쉽게 타고 있다는 것을 알았습니다. 그들 중 하나는 우두머리 원숭이였습니다. 그들은 자신의 손으로 의자 모양을 만들어 도로시가 다치지 않도록 조심했습니다.

"왜 여러분은 황금 모자의 마력에 복종해야 하죠?" 도로시가

물었습니다.

"그건 아주 긴 이야기입니다. 하지만 우린 앞에는 가야 할 길이 많이 남았으니, 원하신다면 그 이야기를 들려드리도록 하겠습니다." 날개 달린 우두머리 원숭이가 웃음을 지으며 대답했습니다.

"네, 듣고 싶어요." 도로시가 대답했습니다. 우두머리 원숭이가 이야기를 시작했습니다.

"한때, 우리는 자유로운 민족이었으며, 큰 숲 속에서 행복하게 살아가고 있었습니다. 나무에서 나무로 날아다니며, 견과와 과일을 먹고 아무에게도 구속 받지 않고 따로 주인이라고 부르지 않으며 원하는 대로 생활했습니다. 아마도 우리 중에서 몇몇은 가끔 장난이 좀 심해서 날개가 없는 다른 동물들의 꼬리를 잡고, 새를 쫓으며, 숲 속에서 걷는 사람들에게 견과를 던지기도 했습니다. 그렇게 우리는 무심하고 행복하며 재미로 가득 찬 하루하루의 순간순간을 즐겼습니다. 이는 오래 전, 오즈가 구름에서 나와 이 땅을 지배하기 이전의 일입니다."

"그때는 북쪽에 아름다운 공주가 살고 있었으며, 그녀는 강력한 마법사이기도 했습니다. 그녀의 모든 마법은 사람들을 돕는 데 사용되었고, 착한 사람에게 상처를 주는 일은 결코 하지 않았습니다. 그 공주의 이름은 게일레트이며, 아름다운 루비로 이루어진 멋진 궁전에 살고 있었습니다. 모든 사람들이 그녀를 사랑했지만, 게일레트의 가장 큰 슬픔은 그녀가 받는 사랑만큼 사랑을 되돌려 줄 사람을 찾지 못한 것이었습니다. 결혼할 만한 남자들이 아름답고 지혜로움과는 거리가 먼 너무 멍청하고 못생겼기 때문에 사랑할 수 없었습니다. 그러다가 게일레트는 마침내 잘생

기고 남자답고 세월을 초월한 지혜를 가진 소년을 발견하게 되었습니다. 게일레트는 그 소년이 남자가 되었을 때 자신의 남편으로 삼겠다고 결심하고, 그를 자신의 루비 궁전으로 데려와 모든 마법의 힘을 사용해 그가 어떤 여자라도 좋아할 만큼 강하고 착하고 사랑스럽게 만들었습니다. 퀘랄라라는 이름으로 불리는 그 소년은 성인 남성이 되었을 때, 모든 땅에서 가장 뛰어나고 지혜로운 남자로 성장했으며, 그의 남성적인 아름다움이 너무 커서 게일레트는 그를 깊이 사랑하였고 결혼할 준비를 서둘렀습니다."

"그 당시 나의 할아버지는 게일레트의 궁전 근처 숲에 살고 있는 날개 달린 원숭이들의 우두머리셨습니다. 할아버지는 즐거운 저녁 식사보다 장난치는 것을 더 좋아했습니다. 어느 날, 게일레트의 결혼식 직전에 할아버지는 그의 무리들과 함께 날아가다가 강가에서 퀘랄라가 걷고 있는 것을 보았습니다. 퀘랄라는 분홍색 실크와 보라색 벨벳으로 된 화려한 의상을 입고 있었고, 내 할아버지는 그가 뭘 하는지 보자고 생각했습니다. 할아버지의 말이 떨어지자, 무리들은 내려가 퀘랄라를 붙잡아 그를 안고 강의 한가운데에 서 있었고, 얼마 지나지 않아 퀘랄라를 물속에 떨어뜨렸습니다."

"'수영해서 나와라, 멋진 친구야, 너의 옷이 물에 젖어 얼마나 얼룩지고 엉망이 되었는지 보아라.' 할아버지가 외쳤습니다. 퀘랄라는 수영하지 못할 만큼 바보가 아니었고, 그에게 모든 행운이 따라도 전혀 버릇없이 행동하지 않았습니다. 그는 물 위로 올라와 웃으면서, 강가로 수영해 갔습니다. 그러나 게일레트가 퀘랄라에게 뛰어왔다가 그의 비단과 벨벳이 모두 강물에 의해 망가져 버린 것을 발견했습니다."

"게일레트 공주는 화가 났고, 당연히 누가 그렇게 했는지도 알고 있었습니다. 게일레트는 모든 날개 달린 원숭이들을 그녀 앞에 불러 모았고, 처음에는 그들의 날개를 묶고 그들이 퀘랄라에게 한 짓을 그대로 되갚아 강에 던져버리겠다고 말했습니다. 그러자 저의 할아버지는 간절히 호소했습니다. 그는 원숭이들이 날개가 묶인 채로 강에 던져진다면 익사할 것이 뻔하다는 것을 알고 있었고, 퀘랄라도 또한 그들에 대해 선처의 말을 했습니다. 그래서 게일레트는 결국 그들이 한 짓을 용서해 주었고, 단 조건으로 날개 달린 원숭이들이 황금 모자의 주인의 명령을 세 번 따르게 했습니다. 이 황금 모자는 퀘랄라에게 결혼 선물로 주기 위해 만들어졌으며, 공주가 자신의 왕국의 절반의 비용을 지불했다고 전해집니다. 물론 제 할아버지와 다른 모든 원숭이들은 즉시 그 조건에 동의했으며, 이것이 그가 누구이든 간에 우리가 황금 모자의 주인에게 노예처럼 세 번의 소원을 들어주게 된 이유입니다."

"그래서 그들은 어떻게 되었나요?" 이야기에 매우 깊이 빠져 있었던 도로시가 물었습니다.

"황금 모자의 첫 번째 소유자인 퀘랄라는 우리에게 자신의 소원을 처음으로 전달했습니다. 그의 아내인 게일레트 공주는 우리의 모습을 보기를 무척 싫어했기에 그는 결혼식을 올린 후 숲에서 우리를 모두 불러 날개 달린 원숭이들을 공주가 다시는 볼 수 없도록 항상 숨어 있으라고 명령했습니다. 우리는 모두 그녀를 두려워했기 때문에 기꺼이 그렇게 했습니다." 원숭이는 대답했습

니다.

"이것이 황금 모자가 서쪽 나라의 나쁜 마녀의 손에 넘어가기 전까지 우리가 한 일이었고, 마녀는 우리에게 윙키족을 노예로 삼고, 오즈를 서쪽 땅에서 몰아내도록 명령했습니다. 이제 황금 모자는 당신의 것이고, 당신은 세 번 우리에게 소원을 말할 수 있습니다."

우두머리 원숭이가 이야기를 마친 후, 도로시는 아래를 내려다 보고는 그들 눈앞에 펼쳐진 에메랄드 시의 푸르고 빛나는 벽들을 알아보았습니다. 도로시는 날개 달린 원숭이들이 빨리 나는 것에 놀라기도 했지만, 여정이 끝났다는 것이 더욱 기뻤습니다. 날개달린 원숭이들은 도로시와 친구들을 에메랄드 시의 성문 앞에 조심스럽게 내려놓았고, 우두머리 원숭이는 도로시에게 정중하게 인사한 후, 그의 일행 모두와 함께 빠르게 하늘로 날아 올라갔습니다.

　"좋은 비행이었어요."라고 도로시가 말했습니다.

　"네, 우리의 힘들었던 여정에서 빠져나갈 수 있는 매우 빠른 방법이었습니다. 도로시가 황금 모자를 가져온 것이 얼마나 행운이었는지!" 사자가 대답했습니다.

제15장
무시무시한 오즈의 정체

도로시와 친구들은 에메랄드 시의 거대한 성문까지 걸어가 초인종을 눌렀습니다. 여러 번 벨 소리가 울린 후, 이전에 만났던 문지기가 성문을 열었습니다.

"왜? 다시 돌아왔습니까?" 문지기가 놀라서 물었습니다.

"우리를 알아보지 못하십니까?"라고 허수아비가 대답했습니다.

"여러분이 서쪽 나라의 나쁜 마녀를 찾으러 갔다고 생각했는데요." 문지기가 말했습니다.

"우리는 그녀를 만났습니다."라고 허수아비가 말했습니다.

"그럼 마녀가 다시 여러분을 놓아주었다는 겁니까?"라고 문지기가 경이롭다는 듯이 물었습니다.

"마녀는 어쩔 수 없었을 겁니다. 그녀는 녹아버렸거든요."라고 허수아비가 설명하였습니다.

"녹았다고요! 그건 정말 좋은 소식입니다, 누가 마녀를 녹였습니까?" 문지기가 말했습니다.

"도로시가요." 사자가 엄숙하게 말했습니다.

"무척 놀랍군요!"라고 남자가 외치며 그녀 앞에서 머리 숙여 매우 정중하게 인사했습니다.

그리고 문지기는 도로시와 친구들을 자신의 작은 방으로 데려갔고, 이전과 마찬가지로 큰 상자에서 안경을 꺼내 모두의 눈에 씌워주고 상자를 잠갔습니다. 이후 그들은 에메랄드 시로 통하는 문을 지나갔습니다. 사람들이 문지기에게 도로시가 서쪽 나라의 나쁜 마녀를 녹였다는 소식을 듣게 되자, 모두 도로시와 친구들 주위에 모여들어 대군중을 이뤄 오즈의 궁전으로 뒤따라갔습니다.

녹색 구레나룻을 기른 병사가 여전히 전처럼 문 앞에서 경계하고 있었지만, 도로시와 친구들을 즉시 입장시켰고, 다시 아름다운 녹색 소녀가 나타나 그들 각자를 위대한 오즈가 그들을 맞이할 준비가 될 때까지 쉴 수 있도록 그들이 묵었던 예전의 그 방으로 안내하였습니다.

병사는 도로시와 친구들이 서쪽 나라의 나쁜 마녀를 없앤 후 다시 돌아왔다는 소식을 오즈에 전하였습니다. 그러나 오즈는 아무런 대답을 하지 않았습니다. 도로시와 친구들은 위대한 마법사 오즈가 즉시 자신들을 부를 것이라고 생각했으나, 그는 부르

지 않았습니다. 그들은 다음 날, 그다음 날, 또 그다음 날까지도
자신들을 부른다는 소식을 듣지 못했습니다. 기다리는 것에 지치
고 힘들어서, 결국 도로시와 친구들은 오즈가 그들을 위험한 고
난과 노예 생활을 겪게 하고도 이렇게 무책임하게 대하는 것에
불만을 품게 되었습니다. 그래서 결국 허수아비는 녹색 소녀에게
오즈에게 다시 메시지를 전하라고 요청했습니다. '만약 우리가
즉시 오즈를 만날 수 없다면 날개 달린 원숭이들을 불러 오즈가
약속을 지킬 것인지 안 지킬 것인지를 알아봐달라고 요청할 것이
라고 전해주세요.'라고 했습니다. 이 메시지를 받은 오즈는 몹시
두려워하여 다음 날 아침 9시 4분에 그들을 왕좌가 있는 공식 알
현 실로 오라는 메시지를 보냈습니다. 오즈는 한때 서쪽 나라의
땅에서 날개 달린 원숭이들을 만난 적이 있으며, 그들을 다시는
만나고 싶지 않았습니다.

도로시와 친구들은 그들에게 약속한 오즈의 선물을 받을 생
각에 뜬 눈으로 밤을 새웠습니다. 도로시는 겨우 한 번 잠이 들었
고, 꿈에 캔자스에서 엠 아줌마가 도로시가 다시 집에 돌아온 것
이 얼마나 기쁜지 말하고 있었습니다.

다음 날 아침 정각 9시에, 녹색 구레나룻을 기른 병사가 그들
에게 다가왔고, 4분 후 그들은 모두 왕좌가 있는 공식 알련 실로
들어갔습니다.

물론 그들 각자는 이전에 오즈가 취했던 모습의 마법사를 볼
것으로 기대했지만, 방에는 아무도 없다는 것을 알고 모두가 크

게 놀랐습니다. 도로시와 친구들은 비어 있는 방의 정적은 그들이 보았던 오즈의 어떤 형태보다도 더 두려웠기에 문 가까이에서 서로 밀착되게 붙어 있었습니다.

이내 도로시와 친구들은 커다란 돔 지붕의 중앙 근처에서 들려오는 엄숙한 목소리를 들을 수 있었습니다. 그 목소리는 다음과 같이 말했습니다.

"나는 오즈, 위대하고 무시무시한 존재이다. 왜 나를 찾는가?"

도로시와 친구들은 방의 모든 구석을 다시 살펴본 후, 아무도 보이지 않자, 도로시가 물었습니다. "어디 계세요?"

"나는 어디에나 존재한다."라고 목소리가 대답했습니다. "그러나 보통 인간의 눈에는 보이지 않는다. 이제 나는 너희와 대화할 수 있도록 내 왕좌에 앉겠다." 실제로 그 목소리는 마치 왕좌에서 직접 나오는 듯했습니다. 그래서 그들은 왕좌를 향해 걸어가서 나란하게 줄을 섰습니다. 이윽고 도로시는 말했습니다.

"우리의 약속을 지켜달라고 왔습니다. 오즈."

"무슨 약속 말인가?"라고 오즈가 물었습니다.

"나쁜 마녀가 죽으면, 나를 캔자스로 돌려보내겠다고 약속하셨습니다."라고 도로시가 말했습니다.

"나에게 뇌를 주겠다고 약속하셨습니다."라고 허수아비가 말했습니다.

"나에게 심장을 주겠다고 약속하셨습니다."라고 양철 나무꾼이 말했습니다.

"나에게 용기를 주겠다고 약속하셨습니다."라고 겁쟁이 사자가 말했습니다.

"나쁜 마녀가 정말 죽었느냐?"라고 목소리가 물었고, 도로시는 그 목소리가 조금 떨리는 것 같다고 생각했습니다.

"네, 제가 물 한 양동이로 마녀를 녹였어요." 도로시가 대답했습니다.

"얼마나 갑작스러운 일인가! 내일 나에게 다시 오라, 내가 생각할 시간이 필요하다." 목소리가 말했습니다.

"이미 충분한 시간이 지났습니다."라고 양철 나무꾼이 화가 나서 말했습니다.

"하루도 더는 기다릴 수 없습니다."라고 허수아비가 말했습니다.

"우리에게 한 약속을 지켜야 합니다!"라고 도로시가 크게 외쳤습니다.

사자는 마법사를 겁주면 좋겠다고 생각하여, 크고 우렁차게 포효를 했습니다. 그 포효가 얼마나 사납고 무서웠던지 토토가 놀라 펄쩍 뛰어올랐고, 그 바람에 구석에 서 있던 차단막을 넘어뜨리고 말았습니다. 차단막이 깨어지는 요란한 꽝음 소리를 내며 떨어지자 도로시와 친구들은 그 쪽을 바라보았고, 다음 순간 모두가 너무도 깜짝 놀랐습니다. 그들이 본 것은 차단막이 가리고 있던 바로 그 자리에는 대머리에 주름진 얼굴을 가진 작은 노인이 있었습니다. 그는 도로시와 친구들만큼이나 놀란 듯 보였습

니다. 양철 나무꾼은 도끼를 들고 작은 노인을 향해 뛰어가며 외쳤습니다. "당신은 누구입니까?"

"나는 오즈, 위대하고 무서운 존재. 하지만 나를 치지 말아 줘요.—제발 그러지 말기를 바라. 내가 할 수 있는 모든 것을 다 할 테니까."라고 작은 노인이 떨리는 목소리로 말했습니다.

도로시와 친구들은 작은 노인을 놀랍고 실망스럽게 바라보았습니다.

"나는 오즈가 훌륭한 머리라고 생각했었습니다."라고 도로시가 말했습니다.

"나는 오즈가 사랑스럽고 우아한 여성이라고 생각했었습니다."라고 허수아비가 말했습니다.

"나는 오즈가 끔찍한 야수라고 생각했었습니다."라고 양철 나무꾼이 말했습니다.

"나는 오즈가 불덩어리라고 생각했었습니다."라고 사자가 크게 외쳤습니다.

"아니요, 여러분 모두 잘못 생각하고 있었어. 그것들은 단지 내가 만들어 낸 것뿐이야."라고 그 작은 노인이 온화하게 말했습니다.

"만들어낸 것이라고요! 당신은 위대한 마법사가 아니신가요?"라고 도로시가 외쳤습니다.

"쉿, 얘야, 너무 크게 말하지 말거라, 누가 들으면 안 된단다. 그러면 나는 끝장이란다. 모두들 나를 위대한 마법사로 알고 있거든." 작은 노인이 말했습니다.

"그리면 당신은 마법사가 아니란 말인가요?" 도로시가 물었습니다.

"전혀 아니지. 얘야, 나는 그저 평범한 사람이란다."

"아니, 당신은 그 이상입니다. 당신은 사기꾼입니다."라며 허수아비가 슬픈 어조로 말했습니다.

"바로 그렇지! 나는 사기꾼이야."라고 작은 노인은 손을 비비며 기분이 좋은 듯 분명히 말했습니다.

"하지만 이것은 너무 끔찍합니다. 나는 어떻게 내 심장을 얻을 수 있겠습니까?"라고 양철 나무꾼이 말했습니다.

"그렇다면 내 용기는?"이라고 사자가 물었습니다.

"그러면 내 뇌는?"이라고 허수아비가 울먹이며 그의 코트 소매로 눈물을 닦았습니다.

"나의 친애하는 친구들 여러분, 그런 사소한 것들에 대해 이야기하지 않기를 바란다. 나를 좀 생각해줘. 내가 사기꾼이라는 게 발각되면 끔찍한 어려움을 겪게 될 거거든." 오즈가 말했습니다.

"다른 사람들은 당신이 사기꾼이란 걸 모르나요?" 도로시가 물었습니다.

"아무도 모르지, 너희 네 사람과 나만 빼고는. 나는 오랫동안 모두를 속여 왔기 때문에 이렇게 내가 들킬 거라고는 생각하지 못했단다. 내가 너희들을 왕좌가 있는 공식 알현 실로 들여보낸 것이 큰 실수였어. 보통 나는 신하들마저도 절대 만나지 않기 때문에 그들은 내가 매우 무시무시한 존재라고 믿고 있거든." 이라고 오즈가 대답했습니다.

"하지만, 이해가 되지 않아요. 어떻게 당신은 나에게 커다란 머리로 나타날 수 있었던 거죠?" 라고 도로시가 혼란스러운 표정으로 말했습니다.

"그것은 나의 트릭 중 하나지. 이쪽으로 와봐. 그러면 그 트릭에 대한 모든 것을 알려줄게." 라고 오즈가 대답했습니다.

오즈는 왕좌의 방 뒤쪽에 있는 작은 방으로 도로시와 친구들을 이끌어 갔고, 모두들 그를 따랐습니다. 그는 한 구석을 가리켰고, 그곳에는 여러 두께의 종이로 만들어진 큰 머리가 놓여 있었으며, 정교하게 그려진 얼굴이 있었습니다.

"나는 이것을 철사 줄로 천장에 걸었고, 차단막 뒤에 서서 줄

을 당겨 눈을 움직이고 입을 열도록 했지."라고 오즈가 말했습
니다.

"그렇다면 목소리는 어떻게 한 거죠?" 도로시가 물었습니다.

"아, 나는 복화술사거든. 나는 내 목소리를 원하는 곳 어디로 든지 들리는 것처럼 할 수 있어. 그래서 너는 그것이 머리에서 나 오는 소리라고 생각했을 거야. 여기에 내가 너희들을 속이기 위해 사용했던 다른 물건들이 있어."라고 작은 노인이 말했습니다. 그 는 허수아비에게 자신이 아름다운 여인인 것처럼 보였을 때 입었 던 드레스와 마스크를 보여주었습니다. 그리고 양철 나무꾼은 그 의 끔찍한 야수가 단지 여러 개의 가죽이 함께 꿰매어져 있는 것 이라는 것을 알게 되었습니다. 그리고 불덩이에 대해서도 말했는 데, 그 거짓 마법사는 솜뭉치를 천장에 걸어놓기도 했습니다. 그 것은 실제로 솜으로 만들어진 커다란 구슬이었지만, 거기에 기름 이 부어지자 그 구슬은 맹렬히 타올라서 활활 타오르는 불덩이 로 보였던 것입니다.

"정말로, 당신은 이렇게나 사기를 치다니 부끄러운 줄 아셔야 합니다."라고 허수아비가 말했습니다.

"나는─확실히 그런 사람이야. 그러나 나는 그렇게 할 수밖에 없었단다. 의자가 많이 있으니 앉아 봐라, 내가 지금부터 하는 이 야기를 좀 들어보렴."이라고 작은 노인이 슬프게 대답했습니다.

그래서 그들은 앉아 그의 이야기를 듣기 시작했습니다.

"나는 오마하에서 태어났단다.……"

"아, 거긴 캔자스에서 그리 멀지 않아요!"라고 도로시가 외쳤 습니다.

"그렇긴 하지. 그러나 여기에서는 더 멀단다. 나는 커서 복화술사가 되었고, 그 분야에서 훌륭한 대가에게 많은 훈련을 받았단다. 그래서 나는 어떤 종류의 새나 짐승도 흉내 낼 수 있어." 여기서 그는 아기 고양이처럼 소리를 냈고, 토토는 귀를 쫑긋 세우고 고양이가 어디 있는지 주위를 둘러보았습니다. 오즈는 계속 말했습니다. "어느 순간, 복화술이 지루해져서 나는 열기구 풍선 조종사가 되었단다." 그는 도로시에게 슬프게 고개를 저으며 말했습니다.

"그게 무엇을 하는 것인가요?"라고 도로시가 물었습니다.

"서커스 날에 열기구 풍선을 타고 하늘로 올라가는 사람이지. 열기구 풍선을 타고 사람들을 모아서 그 사람들이 돈을 지불하고 서커스를 보도록 하는 일을 하는 거야."라고 그는 설명했습니다.

"아, 그렇군요. 알아요." 도로시가 말했습니다.

"그런데, 어느 날 나는 열기구 풍선을 타고 하늘로 올라갔는데 로프가 엉켜서 다시 내려올 수 없게 되었단다. 열기구 풍선은 구름 위로 높이높이 올라갔고, 너무 멀리까지 기류의 흐름에 떠밀려 올라가서 아주 먼 외딴 곳으로 날아갔단다. 나는 1박 2일 동안 그렇게 날아다녔고, 그 둘째 날 아침에 깨어나 보니 열기구 풍선이 낯설고 아름다운 나라 위를 떠다니고 있었던 거야."

"열기구 풍선은 점차 느리게 내려가서, 나는 전혀 다치지 않았단다. 땅에 내려와 보니, 내가 구름 속에서 나온 것을 보고 대마법사로 생각하는 이상한 사람들 사이에 있게 되었단다. 물론 그들이 그렇게 생각하도록 그냥 있었단다. 왜냐하면 그들이 나를 두려워해서, 내가 원하는 것은 무엇이든 하겠다고 약속했기 때문이야."

"그냥 나 자신도 즐기고, 착한 사람들을 바쁘게 하기 위해, 나는 그들에게 이 도시와 나의 궁전을 건설하도록 명령했고, 그들은 모두 자발적으로 잘 해내더구나. 나는 이 나라가 이렇게 푸르고 아름답기 때문에 이 도시의 이름을 '에메랄드 시'라고 부르기로 하였고, 이름이 더 잘 어울리도록 모든 사람에게 녹색 안경을 씌워 그들이 보는 모든 것이 녹색이 되도록 하였단다."

"그렇다면, 여기 있는 모든 것이 녹색이 아니라는 건가요?"라고 도로시가 물었습니다.

"다른 도시들에서와 마찬가지로, 그렇지 않단다. 그러나 만약 녹색 안경을 쓴다면, 물론 보는 모든 것은 녹색으로 보이지. 에메랄드 시가 지어진지도 꾀나 오래 되었지. 내가 여기로 열기구 풍선으로 왔을 때는 젊은 시절이었는데. 지금은 많이 늙은 노인이 되었으니까 말이야. 하지만 이곳 사람들은 너무 오랫동안 녹색 안경을 써 왔기에, 그들 대부분은 정말 이곳이 에메랄드 시라고 생각하고 있단다. 이곳은 확실히 보석과 귀중한 금속, 그리고 행복을 만드는 데 필요한 모든 좋은 것들로 풍요로운 아름다운 장소이긴 하지. 나는 이곳 사람들에게 잘 대해왔고 그들은 나를 좋아한단다. 하지만 이 궁전이 지어진 이후로 나는 스스로를 갖혀 지내면서 그들 중 어느 누구도 보지 않으려 했단다."라고 오즈가 대답했습니다.

"나의 가장 큰 두려운 것 중 하나는 마녀들이었단다. 마법 능력이 전혀 없었던 나에게는 마녀들이 정말로 놀라운 일을 할 수 있다는 것을 곧 알게 되었거든. 이 나라에는 네 명의 마녀가 있어, 북쪽과 남쪽, 동쪽과 서쪽에 사는 마녀들이 사람들을 지배했단다. 다행스럽게도 북쪽과 남쪽 나라의 마녀는 착한 존재였어, 그래서 나는 그들이 나에게 해를 가하지 않을 것임을 알고 있었지. 그러나 동쪽과 서쪽의 마녀는 끔찍하게 사악하여, 만약 그들이 내가 자신들보다 더 강력하다고 생각하지 않았다면, 나를 분명히 없애려고 했을 거야. 그렇게 나는 마녀들에 대한 무서운 두려움 속에서 수년을 살아왔고, 너희들의 집이 동쪽의 나쁜 마녀에게 떨어져 그녀가 죽었다는 소식을 들었을 때 얼마나 기뻤는지 상상할 수 있을 거야. 너희들이 나를 찾아왔을 때, 나는 서쪽 나쁜 마녀를 없애주기만 한다면 무엇이든 약속할 준비가 되어 있었단다. 그런데, 실제로 너희들이 서쪽 나쁜 마녀를 녹여 없앤 지금, 나는 약속을 지킬 수 없다는 말을 해야 한다는 사실이 너무 부끄럽구나."

"당신은 매우 나쁜 사람이라고 생각되네요."라고 도로시가 말했습니다.

"아, 아니란다. 난 애들아, 정말 아주 좋은 사람이야. 하지만 사실 아주 형편없는 마법사임을 인정하지 않을 수는 없지만."

"저에게 뇌를 주실 수는 없는 건가요?"라고 허수아비가 물었습니다.

"너는 뇌가 필요하지 않아. 너는 매일 무언가를 배우고 있으니까. 아기는 두뇌가 있지만 많은 것을 알지 못해. 오직 경험만이 지식을 가져다주는 유일한 것이야. 그리고 이 세상에서 오래 살면 살수록 더 많은 경험을 얻을 수 있단다."

"말씀하신 것이 모두 사실일 수도 있지만 내게 뇌를 주지 않는다면 나는 매우 불행할 겁니다."라며 허수아비가 말했습니다.

가짜 마법사는 허수아비를 주의 깊게 바라보았습니다.

"음, 내가 말했다시피, 나는 그다지 뛰어난 마법사는 아니지만 내일 아침 나를 찾아오면, 내가 너의 머리에 뇌를 가득 채워 줄게. 다만 뇌를 어떻게 사용하는지는 말해 줄 수 없으니까 스스로 알아내야만 한다." 가짜 마법사는 한숨을 쉬며 말했습니다.

"아, 감사합니다,-감사합니다! 제가 뇌를 사용하는 방법을 찾도록 할게요, 걱정하지 마세요!"라고 허수아비가 외쳤습니다.

"제 용기는 어떻고요?"라고 사자가 걱정스럽게 물었습니다.

"사자야, 너는 틀림없이 충분한 용기를 가지고 있단다. 너에게 필요한 것은 자신을 믿는 자신감이란다. 위험에 직면할 때 두려움을 느끼지 않는 생명체는 없단다. 진정한 용기는 두려워할 때 위험에 맞서는 것이고, 그런 종류의 용기는 너에게는 충분히 있단다."라고 오즈가 대답했습니다.

"어쩌면 그럴지도 모르지만, 나는 여전히 두렵습니다. 저는 자신이 두려움을 잊게 만드는 그런 용기를 주시지 않는 한 정말로 매우 불행할 것입니다."라고 사자가 말했습니다.

"좋다, 그럼 내일 그런 용기를 주도록 하지."라고 오즈가 대답했습니다.

"내 심장은 어떻고요?"라고 양철 나무꾼이 물었습니다.

"아니 네가 심장을 원한다는 것은 잘못된 생각이라고 생각한다. 심장은 대부분의 사람들에게 불행을 가져다주거든. 네가 그것을 알면, 심장이 없는 것이 운이 좋은 일이라는 것을 깨달았을 텐데." 오즈가 대답했습니다.

"그것은 또 다른 의견의 문제인 것 같은데요. 내게는, 당신이 나에게 심장을 주기만 한다면, 나는 어떠한 불행도 아무런 불평 없이 감수할 수 있을 겁니다."라고 양철 나무꾼이 말했습니다.

"아주 잘 알겠다. 내일 나에게 와라, 그러면 너에게 심장을 주도록 하겠다. 내가 여러 해 동안 마법사 역할을 해 왔으니, 조금 더 그 역할을 계속할 수 있겠지." 오즈가 조심스럽게 대답했습니다.

"이제, 제가 어떻게 캔자스로 돌아갈 수 있을까요?" 도로시가 말했습니다,

"그것에 대해서는 생각을 좀 해보아야 할 것 같다. 이 문제를 심사숙고할 수 있도록 나에게 2~3일 시간을 줬으면 한다. 그러면 내가 너를 사막 너머로 데려갈 방법을 찾아보도록 하겠다. 그동안 너희들은 내 손님으로 대접받게 될 것이며, 너희들이 궁전에서 생활하는 동안 나의 백성들이 너희들에게 봉사하고, 가장 작은 소망 정도는 들어줄 것이다. 내가 너희들에게 도움을 주는 대가로 유일하게 요청하는 것은 내 비밀을 지켜주고 내가 사기꾼이

라는 사실을 아무에게도 말하지 말아 달라는 것이다."라고 오즈
가 대답했습니다.

　도로시와 친구들은 자신들이 알았던 것에 대해 아무 말도 하
지 않기로 합의하고, 기분 좋게 각자의 방으로 돌아갔습니다. 심
지어 도로시조차도 그녀가 '위대하고 무시무시한 사기꾼'이라 부
르는 그가 자신을 캔자스로 돌려보낼 방법을 찾을 것이라는 희
망을 품고 있었으며, 만약 그가 그렇게 한다면 그녀는 그의 모든
것을 용서할 준비가 되어 있었습니다.

제16장

위대한 사기꾼의 마법

다음 날 아침, 허수아비가 친구들에게 말했습니다.

"축하해 주십시오. 저는 마침내 제 뇌를 얻으러 오즈에게 갑니다. 돌아오면 저는 다른 사람들과 같이 되어 있을 겁니다."

"나는 항상 허수아비님이 하던 대로 행동했던 것을 좋아했어요."라고 도로시가 간단히 말했습니다.

"허수아비를 좋아해 주셔서 감사합니다. 하지만 분명히 새로 얻은 뇌가 내놓는 훌륭한 생각들을 들으신다면, 나를 더욱 고귀하게 생각하실 겁니다." 허수아비가 대답했습니다.

그러고 나서 그는 모두에게 밝은 목소리로 작별 인사를 한 후, 왕좌가 있는 공식 알현 실로 가서 문을 두드렸습니다.

"들어와요."라고 오즈가 말했습니다.

허수아비는 들어가니, 작은 노인이 창가에 앉아 깊은 사색에 잠겨 있는 것을 발견했습니다.

"저는 제 뇌를 얻고자 왔습니다."라고 허수아비가 조금 불안하게 말했습니다.

"아, 그럼. 그 의자에 앉아라! 너의 뇌를 적절한 자리에 배치하기 위해서는 너의 머리를 제거해야만 해."라고 오즈가 대답했습니다.

"괜찮습니다, 내 머리를 날려버려도 좋아요. 다시 씌울 때 더 좋은 머리가 되어 있겠죠."라고 허수아비가 말했습니다.

그래서 마법사는 허수아비의 머리를 풀고 지푸라기를 모두 뽑아내었습니다. 그런 다음 그는 뒤쪽 방에 들어가서 많은 핀과 바늘을 섞은 겨의 양을 측정했습니다. 그것들을 충분히 섞은 후, 허수아비의 머리 위 부분을 섞은 혼합물로 채우고 나머지 공간에는 지푸라기로 채워 그 혼합물이 제자리에 고정되도록 했습니다.

작은 노인이 허수아비의 머리를 다시 그의 몸에 고정시킨 후, 허수아비에게 말했습니다. "앞으로 너는 위대한 인물이 될 거야. 왜냐하면 너에게 많은 새로운 뇌를 주었기 때문이지."

허수아비는 자신의 가장 큰 소원이 이루어진 것에 대해 기쁘고 자랑스러웠으며, 오즈에게 감사의 인사를 한 후, 친구들 곁으로 돌아갔습니다.

도로시는 허수아비를 호기심 어린 시선으로 바라보았습니다. 뇌가 가득 차 있는 그의 머리는 윗부분이 상당히 부풀어 올라있었습니다.

"허수아비님 기분이 어떤가요?" 도로시가 물었습니다.

"나는 정말로 지혜로워졌다고 느껴져요. 내 뇌에 익숙해지면 모든 것을 알게 될 날이 올 것입니다." 허수아비는 진지하게 대답했습니다.

"왜 머리에 바늘과 핀들이 잔뜩 튀어나와 있습니까?"라고 양철 나무꾼이 물었습니다.

"그것은 그가 그만큼 총명하다는 증거지요."라고 사자가 언급했습니다.

"음, 저는 오즈에게 가서 제 심장을 가져와야 합니다."라고 양철 나무꾼이 말했습니다. 그래서 그는 왕좌가 있는 공식 알현 실로 걸어가 문을 두드렸습니다.

"들어와요."라고 오즈가 외쳤고, 나무꾼이 들어와서 말했습니다. "저는 제 심장을 가지러 왔습니다."

"좋아, 하지만 네 가슴에 구멍을 뚫어야할 텐데, 그래야 네 심장을 올바른 곳에 넣어 줄 수 있을 거야. 아프지 않았으면 좋겠다." 작은 노인이 대답했습니다.

"아, 아니오, 저는 전혀 고통의 느낌이 없습니다." 양철 나무꾼이 대답했습니다.

그래서 오즈는 한 쌍의 양철공 가위를 가져와서 양철 나무꾼의 가슴 왼쪽에 작은 정사각형의 구멍을 내었습니다. 그리고 서랍장에서, 톱밥으로 가득 채워진 실크로 감싼 예쁜 심장을 꺼냈습니다.

"아름답지 않니?" 오즈가 물었습니다.

"정말 그렇습니다! 친절한 심장이 맞는지요?"라고 대답한 나무꾼은 매우 기뻐했습니다.

"아, 당연히 그렇지!"라고 오즈가 대답

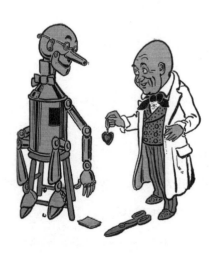

했습니다. 오즈는 양철 나무꾼의 가슴에 심장을 넣고 나서, 잘라 낸 부분을 깨끗하게 납땜하여 양철 판을 제자리에 다시 덮었습니다.

"이제 너는 어떤 누구라도 자랑스러워할 만한 심장을 가지게 되었단다. 가슴에 조각을 덧대어 붙여야 해서 미안하지만, 정말 어쩔 수 없었단다." 오즈가 말했습니다.

"그 덧댄 것에 대해서는 신경 쓰지 마세요. 저는 오즈님에게 매우 감사하며, 친절하게 해 주신 것을 결코 잊지 않을 것입니다." 나무꾼은 행복에 겨워 크게 외쳤습니다.

"그렇게 말하지 말거라."라고 오즈가 대답했습니다.

그런 다음 양철 나무꾼은 자신의 행운을 축하하는 친구들에게 돌아갔습니다.

이제는 사자가 왕좌가 있는 공식 알현 실로 걸어가 문을 두드렸습니다.

"들어와요."라고 오즈가 말했습니다.

"저는 제 용기를 가지러 왔습니다."라고 사자가 방으로 들어오며 큰 소리로 진지하게 말했습니다.

"알겠다. 내가 용기를 가져다주마."라고 작은 노인이 대답했습니다.

그는 찬장으로 가서 높은 선반에 손을 뻗어 사각형의 녹색 병 하나를 꺼냈고, 그 내용물을 아름답게 조각된 녹색-금색 접시에 쏟아 부었습니다. 이것을 겁쟁이 사자 앞에 두었고, 사자는 그것이 마음에 들지 않는 듯이 코를 킁킁거렸습니다. 그러자 마법사는 다음과 같이 말했습니다.

"마셔라."

"그건 무엇입니까?"라고 사자가 물었습니다.

"음, 만약 그것이 네 몸 안에 있다면, 그것은 용기가 될 것이야. 물론, 용기는 항상 사람 안에 존재한다는 것을 알고 있겠지. 그래서 네가 이것을 삼키기 전까지는 너는 진정한 용기를 얻을 수 없는 거야. 그러니 너는 빨리 그것을 마셔야만 해." 오즈가 대답했습니다.

사자는 더 이상 망설이지 않고, 그릇이 비어질 때까지 깨끗하게 마셨습니다.

"지금 기분이 어떠니?"라고 오즈가 물었습니다.

"용기가 가득 찬 것 같습니다." 사자가 대답하며, 그의 행운을 친구들에게 알리기 위해 기쁘게 돌아갔습니다.

오즈는 홀로 남겨진 채로, 허수아비와 양철 나무꾼, 그리고 사자에게 그들이 원하는 것을 정확히 해준 자신을 생각하며 미소

를 지었습니다. "모두가 할 수 없다는 것을 알면서도 나에게 할 일을 하게 만들었으니 내가 어떻게 사기꾼일 수 있겠어? 허수아비와 사자, 그리고 양철 나무꾼을 행복하게 만드는 것은 쉬운 일이었어. 그들은 내가 무엇이든 할 수 있다고 믿었기 때문이지. 그렇지만 도로시를 캔자스로 돌려보내는 일은 상상 이상의 뭔가가 필요해, 어떻게 해야 가능할지 전혀 모르겠군." 그는 말했습니다.

제17장
열기구를 띄우는 방법

도로시는 아무런 소식도 듣지 못한 채 3일이 지나갔습니다. 도로시의 친구들은 모두 매우 행복하고 만족스러워 했지만, 이러한 날들은 도로시에게는 슬픈 날들이었습니다. 허수아비는 그의 머릿속에 훌륭한 생각들이 들어 있다고 이야기했지만, 그것들이 무엇인지는 말하지 않았습니다. 왜냐하면 아무도 자기 자신을 제외하고는 이해할 수 없다는 것을 알았기 때문입니다. 양철 나무꾼은 걸어 다닐 때 가슴 속에서 자신의 심장이 덜컹거리는 것을 느꼈습니다. 그는 도로시에게 그것이 자신이 육신을 가졌을 때보다 더 친절하고 부드러운 심장인 것 같다고 말했습니다. 사자는 지구상에서 아무것도 두렵지 않으며, 기꺼이 군대나 사나운 칼리다 12마리와 마주할 수 있다고 선언했습니다.

따라서 도로시의 일행들 각자는 만족해했지만, 도로시만은 캔자스로 돌아가고 싶어 하는 마음이 더욱 간절해졌습니다.

넷째 날, 오즈는 그녀를 불렀고, 도로시는 큰 기쁨에 왕좌가 있는 알현 실에 들어섰고, 그는 정중하게 도로시를 맞이하였습니다.

"앉아요, 얘야. 네가 이 나라에서 나갈 수 있는 방법을 찾은 것 같다."

"다시 캔자스로 돌아갈 수 있다고요?" 도로시가 간절하게 물었습니다.

"글쎄, 캔자스에 대해서는 잘 모르겠구나. 어디에 위치해 있는지 전혀 알지 못하겠거든. 하지만 먼저 해야 할 일은 사막을 건너는 것이지, 그 다음에 집으로 가는 길을 찾는 것은 쉬울 거야." 오즈가 말했습니다.

"사막을 어떻게 건널 수 있을까요?" 도로시가 물었습니다.

"음, 내가 생각하는 바를 얘기하자면, 내가 이 나라에 올 때는 풍선으로 왔거든. 너도 회오리바람에 의해 하늘에서 떨어져 내렸지. 그래서 나는 사막을 건너는 가장 좋은 방법이 하늘로 올라가는 방법이 가장 믿을 만 한 것 같아. 회오리바람을 만드는 것은 내 힘으로는 불가능하지만, 생각해보니 열기구 풍선은 만들 수 있을 것 같거든."이라고 작은 노인이 말했습니다.

"어떻게요?"라고 도로시가 물었습니다.

"실크로 풍선을 만들고, 가스가 풍선에 들어가서 유지될 수 있도록 접착제를 바르는 거지."라고 오즈가 말했습니다. "궁전에는 많은 실크가 있으니까 풍선을 만드는 것은 어려운 일이 아니야. 문제는 이 나라에는 풍선을 띄우기 위해 채울 수 있는 가스가 없다는 거야."

"풍선을 띄울 수 없다면, 우리에게는 아무런 쓸모가 없을 것 같은데요." 도로시가 말했습니다.

"그렇지. 하지만 풍선을 뜨게 하는 또 다른 방법이 있지. 그것은 뜨거운 공기로 풍선을 채우는 거야. 뜨거운 공기는 가스만큼은 아니지만. 만약 공기가 차가워지면 풍선이 사막에 내려앉게 되고 우리는 길을 잃게 되겠지." 오즈가 대답했습니다.

"우리? 저와 함께 가시겠다는 건가요?"라고 도로시가 외쳤습니다.

"음, 물론. 나는 이렇게 사기꾼으로 지내는 것이 지겨워졌거든. 내가 이 궁전을 나가면, 나의 백성들이 나를 마법사로 여겼던 것이 허상임을 금세 알게 될 것이고, 그러면 그들은 자기들을 속였다고 화를 내게 될 게 분명하거든. 그래서 나는 하루 종일 이 방에 갇혀 지낼 수밖에 없고, 그것이 너무 피곤하거든. 그래서 나는 차라리 너와 함께 캔자스에 돌아가서 다시 서커스에서의 생활을 원한단다."라고 오즈가 대답했습니다.

"당신과 함께하게 되어 기뻐요."라고 도로시가 말했습니다.

"고맙군. 이제 함께 실크를 꿰매어 풍선 만드는 작업부터 시작해 보자." 그가 대답했습니다.

도로시가 바늘과 실을 들고 오자 오즈가 실크 조각들을 적절한 크기로 자르고, 도로시는 빠르게 그것들을 깔끔하게 꿰맸습니다. 먼저 연두색 실크 조각이 있었고, 그 다음에는 짙은 녹색 조각이 있었으며, 마지막으로 에메랄드 색 조각이 있었습니다. 이는 오즈가 풍선 주위의 색상에 다양한 음영을 넣고 싶어 했기 때문입니다. 모든 조각을 꿰매는 데 3일이나 걸렸으며, 작업이 모두 끝났을 때, 그 크기가 무려 6미터가 넘는 커다란 녹색 실크 풍선을 가지게 되었습니다.

그 후 오즈는 풍선의 안쪽을 접착제로 얇게 발라 공기가 새지 않도록 한 다음, 풍선이 준비되었다고 큰 소리로 알렸습니다.

"그렇다면 이제는 우리가 탈 수 있는 바구니를 만들어야지." 오즈가 말했습니다. 그래서 그는 녹색 구레나룻을 기른 병사에게 큰 옷 바구니를 가져오라고 했고, 그것을 많은 밧줄을 사용하여 풍선의 바닥에 단단히 고정시켰습니다.

모든 준비가 완료되었을 때, 오즈는 그의 백성들에게 구름 속에 사는 위대한 형제 마법사를 방문할 것이라는 소식을 전했습니다. 이 소식은 에메랄드 시 전역에 빠르게 퍼졌고, 모든 사람들이 이 놀라운 광경을 보기 위해 모여들었습니다.

오즈는 풍선이 궁전 앞에 옮겨지도록 명령했고, 사람들은 큰 호기심을 갖고 그것을 바라보았습니다. 양철 나무꾼은 미리 베어 놓은 큰 나무 더미에 이제 불을 붙였습니다. 오즈는 풍선의 바닥을 불 위에 오게 해서, 뜨거운 공기가 실크 풍선 안에 들어가도록 하였습니다. 점점 풍선은 불어나 하늘로 솟아올랐으며, 마침내 바구니는 땅에 닿았습니다.

그러자 오즈는 바구니에 들어가서 모든 사람들에게 큰 소리로 말했습니다.

"나는 지금 구름 속에 사는 위대한 형제 마법사를 방문하기 위해 떠난다. 내가 없는 동안 허수아비가 여러분을 다스릴 것이다. 나는 여러분에게 허수아비를 나에게 했던 것처럼 복종하라고 명령한다."

그 무렵 풍선은 지면에 고정된 밧줄을 팽팽하게 당기고 있었습니다. 풍선 안의 공기가 너무 뜨거워져서 바깥 공기보다 훨씬 가벼워졌기 때문입니다. 그래서 풍선은 하늘로 올라가려는 강한 힘을 발휘하고 있었습니다.

"어서 와, 도로시! 서둘러, 그렇지 않으면 풍선이 날아가고 말 거야."라고 마법사가 외쳤습니다.

"어디에서도 토토를 찾을 수 없어요."라고 답한 도로시는 자신의 작은 개를 뒤에 두고 싶지 않았습니다. 토토는 새끼 고양이를 향해 짖기 위해 군중 속으로 뛰어들었고, 마침내 도로시는 토토를 찾았습니다. 도로시는 토토를 안고 열기구 풍선 쪽으로 달려갔습니다.

도로시는 열기구에서 몇 걸음 떨어져 있었고, 오즈는 도로시를 바구니로 태우기 위해 손을 내밀고 있었습니다. '탁!' 하는 소리와 함께 밧줄이 끊어졌고, 열기구 풍선은 도로시를 태우지 않은 채 하늘로 날아올랐습니다.

"돌아오세요! 나도 가고 싶어요!" 도로시가 소리쳤습니다.

"돌아갈 수가 없구나, 애야, 안녕!" 바구니에서 오즈가 외쳤습니다.

"안녕히 가세요!" 모든 사람들이 외치며, 마법사가 바구니에 타고 하늘로 점점 더 날아오르는 곳을 향해 모든 시선이 쏠렸습니다.

그리고 그것이 그들이 오즈, 훌륭한 마법사를 마지막으로 본 순간이었지만, 그가 오마하에 안전하게 도착했을 수도 있고, 현재 그곳에 있을지도 모릅니다. 그러나 사람들은 그를 사랑스럽게 기억하며 서로에게 이렇게 말했습니다.

"오즈님은 항상 우리의 친구였습니다. 그가 여기 있었을 때, 그는 우리를 위해 이 아름다운 에메랄드 시를 지었고, 이제 그는 떠났지만 지혜로운 허수아비가 우리를 다스리도록 남겨 두었습니다."

그럼에도 불구하고 그들은 며칠 동안 훌륭한 마법사의 상실을 애도하며 위로를 받지 못했습니다.

제18장

남쪽 착한 마녀 찾기

도로시는 캔자스로 돌아갈 희망이 사라진 것에 대해 처절하게 울었습니다. 그러나 모든 것을 곰곰이 생각해 보니 그녀는 열기구 풍선에 올라가지 않은 것을 매우 기쁘게 생각했습니다. 그렇지만 도로시는 오즈와 헤어진 것에 대해 안타까움을 느꼈고, 도로시의 친구들도 마찬가지였습니다.

양철 나무꾼이 도로시에게 다가와 말했습니다.

"진실로, 나의 사랑스러운 심장을 준 사람을 애도하지 않는다면 나는 배은망덕할 것입니다. 오즈가 떠난 것에 대해 조금 울고 싶은데, 제 눈물을 닦아준다면 저는 녹슬지 않을 겁니다."

"기꺼이." 도로시가 대답하고, 즉시 수건을 가져왔습니다. 그러자 양철 나무꾼은 몇 분 동안 울었고, 도로시는 나무꾼의 눈물을 조심스럽게 지켜보며 수건으로 닦아 주었습니다. 양철 나무꾼이 울음을 그치자 도로시에게 친절에 감사하며, 자신의 보석이 박힌 기름통으로 철저히 기름칠을 하여 불상사를 대비하였습니다.

허수아비는 이제 에메랄드 시의 주인이 되었으며, 비록 그가 마법사는 아니었지만 사람들은 그에 대하여 자랑스러워했습니다. "세상 어디에도 허수아비가 주인인 도시는 여기뿐일 겁니다." 그들은 말했습니다. 그들이 아는 한, 그들의 말은 전적으로 옳은 말이었습니다.

열기구 풍선이 오즈와 함께 날아간 다음 날 아침, 도로시와 친구들은 왕좌가 있는 공식 알현 실에서 만나 여러 사안을 논의하였습니다. 허수아비는 큰 왕좌에 앉아 있었고, 나머지 이들은 그 앞에 존경스럽게 서 있었습니다.

"우리는 그렇게 불행하지는 않은 것 같아요. 이 궁전과 에메랄드 시는 우리가 주인이 되었고, 우리는 원하는 대로 할 수 있으니까요. 얼마 전까지만 해도 나는 농부의 옥수수 밭에 있는 기둥 위에 있었지만, 지금은 이 아름다운 도시의 주인이 되었다는 사실을 생각할 때, 나는 내 처지에 대해 상당히 만족스럽네요."라고 새로운 주인인 허수아비가 말했습니다.

"나도 그렇게 생각합니다. 나는 새로운 심장에 매우 만족하고 있습니다. 사실 세상에서 단 하나뿐인 소원이 바로 그거였거든요."라고 양철 나무꾼이 말했습니다.

"나도 그렇게 생각합니다. 나는 내가 살았던 어떤 짐승보다도 용감하다고, 아니면 그보다 더 용감하다고 안다는 것에 만족합니다."라고 사자가 겸손하게 말했습니다.

"도로시가 에메랄드 시에서 만족하며 살기를 원한다면, 우리는 모두 함께 행복할 수 있을 것입니다." 계속하여 허수아비가 말했습니다.

"하지만 나는 여기에서 살고 싶지 않아요. 나는 캔자스로 가서 엠 아줌마와 헨리 아저씨와 함께 살고 싶어요."라고 도로시가 울며 말했습니다.

"그러면, 무엇을 할 수 있을까요?" 양철 나무꾼이 물었습니다.

허수아비는 생각에 잠겼고, 그는 너무 열심히 생각해서 그의 뇌에서 핀과 바늘이 튀어나오기 시작했습니다. 마침내 그는 이렇게 말했습니다.

"왜 날개 달린 원숭이들에게 사막 너머로 옮겨 줄 것을 요청하지 않으십니까?"

"생각해보지 못했어요! 정말로 좋은 생각이에요. 나는 즉시 황금 모자를 가지러 가겠어요."라고 도로시가 기쁘게 말했습니다.

도로시가 황금 모자를 왕좌가 있는 공식 알현 실로 가져와서는, 마법의 말을 외치자, 곧 날개 달린 원숭이 무리가 열려 있는 창문을 통해 날아 들어와 그녀의 곁에 섰습니다.

"당신이 저희를 부르신 두 번째입니다. 당신은 무엇을 원하십니까?"라고 우두머리 원숭이가 도로시 앞에서 허리를 굽혀 정중히 말했습니다.

"나는 캔자스로 돌아가고 싶어요."라고 도로시가 말했습니다.

하지만 우두머리 원숭이는 머리를 가로저었습니다.

"그것은 불가능합니다. 우리는 이 나라에만 속해 있으며, 떠날 수 없습니다. 캔자스에는 지금까지 날개 달린 원숭이가 없었고, 앞으로도 없을 것입니다. 우리들은 그곳에 속하지 않기 때문입니다. 우리는 가능한 한 당신을 기쁘게 도와드리고 싶지만, 사막을 건널 수는 없습니다. 안녕히 계십시오." 우두머리 원숭이가 말했습니다.

또 한 번의 경의를 표하며, 우두머리 원숭이는 그의 날개를 펼치고 창을 통해 날아갔으며, 그의 모든 부하 원숭이들이 그 뒤를 따랐습니다.

도로시는 실망으로 인해 울고 싶어졌습니다. "나는 황금 모자의 마법을 헛되이 사용했네요. 날개 달린 원숭이들도 날 도와줄 수가 없네요." 도로시가 말했습니다.

"정말 안타깝습니다!"라고 마음씨 고운 양철 나무꾼이 말했습니다.

허수아비는 다시 곰곰이 생각에 잠겼고, 그의 머리는 너무 끔찍하게 부풀어 올라서 도로시가 그것이 터질까봐 두려웠습니다.

"녹색 구레나룻을 기른 병사를 호출하여 그의 조언을 구해 봅시다."라고 허수아비가 말했습니다.

그래서 병사가 소환되어 조심스럽게 왕좌가 있는 공식 알현 실에 들어왔습니다. 왜냐하면 오즈가 살아있을 때 그는 결코 문을 넘어 들어오는 것이 허락되지 않았기 때문입니다.

"이 작은 소녀가, 사막을 건너고자 한다. 어떻게 해야 할까?"
허수아비가 병사에게 말했습니다.

"나는 말씀드릴 수 없습니다. 사막을 건넌 사람은 오직 오즈 자신밖에 없기 때문입니다." 병사가 대답했습니다.

"저를 도와주실 분이 없으실까요?"라고 도로시가 진지하게 물었습니다.

그는 "글린다의 마법이라면 도와줄 수 있을 것 같습니다."라고 제안했습니다.

"글린다는 누구지?"라고 허수아비가 물었습니다.

"남쪽 나라의 마녀입니다. 그녀는 모든 마녀 중에서 가장 강력하며, 쿼들링을 지배하고 있습니다. 게다가 그녀의 성은 사막의 가장자리에 위치하고 있어, 그녀가 사막을 건널 방법을 알고 있을지도 모릅니다."

"글린다는 착한 마녀이지요?"라고 도로시가 물었습니다.

"쿼들링들은 그녀가 착하다고 생각합니다. 그리고 그녀는 모든 이에게 친절합니다. 나는 글린다가 아름다운 여성이며, 살아온 많은 세월에도 불구하고 젊음을 계속 유지하는 방법을 아는 사람이라고 들었습니다."라고 병사가 말했습니다.

"그녀의 성에는 어떻게 가나요?"라고 도로시가 물었습니다.

"길은 남쪽으로 곧게 뻗어 있습니다. 그렇지만 여행자들에게 위험이 가득하다고 전해집니다. 숲 속에는 맹수가 있으며, 외부인을 그들의 나라에 들어오지 못하게 하는 괴상한 사람들이 있습

니다. 그런 이유로 쿼들링족은 결코 에메랄드 시에 오지 못하는 것으로 알고 있습니다." 병사가 대답했습니다.

그 병사는 그들을 떠났고, 허수아비가 말했습니다.

"위험하다고는 하더라도, 도로시가 할 수 있는 가장 좋은 방법은 남쪽 땅으로 여행을 떠나 글린다 마녀에게 도움을 요청하는 것인 듯합니다. 물론, 도로시가 여기 남아 있다면 캔자스로 돌아갈 수 있는 방법은 없을 것 같습니다."

"또 한 번 생각해냈군요."라고 양철 나무꾼이 말했습니다.

"물론이죠."라고 허수아비가 말했습니다.

"나는 도로시와 함께 가겠습니다. 왜냐하면 나는 도시 생활이 지겨워졌고 다시 숲과 시골이 그리워지고 있었거든요. 나는 사실 야생 동물이잖아요, 아시죠? 게다가, 도로시는 누군가가 보호해 줘야 하지 않을까 싶네요." 사자가 말했습니다.

"그건 맞는 말이네요. 내 도끼가 그녀에게 도움이 될 수 있습니다. 그래서 나도 그녀와 함께 남쪽 땅으로 가겠습니다." 양철 나무꾼이 동의했습니다.

"언제 출발할까요?"라고 허수아비가 물었습니다.

"함께 가려고요?" 그들이 놀라며 물었습니다.

"정말 그렇죠. 도로시가 아니었다면 나는 결코 똑똑해질 수 없었을 것입니다. 그녀는 저를 옥수수 밭의 기둥에서 끌어올려 에메랄드 시로 데려다 주었습니다. 그래서 나의 좋은 운은 모두 그녀 덕분이며, 그녀가 캔자스로 돌아가 완전히 떠날 때까지 나는 결코 그녀를 떠나지 않을 것입니다."

"감사해요. 여러분은 저에게 매우 친절한 친구들이에요. 그래도 나는 가능한 한 빨리 출발하고 싶어요."라고 도로시가 감사한 마음으로 말했습니다.

"우리는 내일 아침에 출발합시다. 긴 여행이 될 것 같으니까 이제 모두 잘 준비하자고요."라고 허수아비가 대답했습니다.

제19장
나무들의 공격

다음날 아침, 도로시는 아름다운 녹색 소녀에게 작별 인사를 하고, 그들은 문까지 함께 걸었던 녹색 구레나룻을 기른 병사와도 악수를 했습니다. 문지기는 도로시와 친구들을 다시 보자, 그들이 아름다운 도시를 떠나 새로운 고생길로 접어드는 것에 대해 매우 의아해 했습니다. 그러나 그는 즉시 그들의 안경의 잠금을 해제하고 녹색 상자에 다시 넣은 후, 그들에게 수많은 행운이 함께 하기를 전하였습니다.

문지기는 허수아비에게 이렇게 말했습니다. "당신은 이제 우리의 주인님입니다. 그러니 가능한 한 빨리 우리에게 되돌아와 주셔야 합니다."

"가능한 한 반드시 그렇게 하겠습니다. 하지만 먼저 도로시가 집에 찾아 가는 것을 도와야 합니다."라고 허수아비가 대답했습니다.

도로시는 마음씨 좋은 문지기에게 마지막 작별 인사를 하며 말했습니다.

"저는 아름다운 도시에서 매우 친절하게 대접받았고요, 모든 분들이 저에게 좋은 분들이셨어요. 제가 얼마나 감사한지 말로 다 표현할 수가 없네요."

"너무 신경 쓰지 마세요, 우리는 당신과 함께 있고 싶지만, 당신이 캔자스로 돌아가고 싶어 하니, 방법을 꼭 찾기를 바랍니다." 문지기가 대답했습니다. 이후 문지기가 성벽의 문을 열었고, 도로시와 친구들은 나아가 새로운 여행을 시작했습니다.

우리의 친구들은 남쪽 땅을 향해 얼굴을 돌렸습니다. 태양은 밝게 빛나고 있었고, 그들은 모두 최상의 기분으로 함께 웃고 이야기했습니다. 도로시는 다시 한 번 집으로 돌아갈 희망에 가득 차 있었고, 허수아비와 양철 나무꾼은 도로시에게 도움이 될 수 있다는 생각에 기뻐했습니다. 사자는 신선한 공기를 기쁜 마음으로 맡으면서 야생으로 나왔다는 순진한 기쁨에 꼬리를 좌우로 흔들었습니다. 토토는 그들 주위를 뛰어 다니며, 항상 즐겁게 짖었고, 나방과 나비들을 쫓아다녔습니다.

"나에게 도시 생활은 전혀 맞지 않습니다. 나는 그곳에 살면서 살도 많이 빠졌어요. 이제는 다른 짐승들에게 내가 얼마나 용감해졌는지를 보여줄 기회가 생겼습니다."라고 사자가 모두들 빠른 걸음으로 걷는 동안에 말했습니다.

그들은 이제 되돌아서 에메랄드 시를 마지막으로 돌아보았습니다. 도로시와 친구들은 녹색 성벽 뒤에 있는 탑과 첨탑들이 삐죽삐죽 솟아 있는 것을 볼 수 있었고, 그 모든 것 위에는 오즈 궁전의 첨탑과 둥근 아치 모양의 돔 지붕이 높이 솟아 있었습니다.

"오즈는 결국 그렇게 나쁜 마법사는 아니었군요."라고 양철 나무꾼이 가슴속에서 심장이 덜컹거리는 것을 느끼며 말했습니다.

"그는 저에게 똑똑한 뇌를 주는 방법을 알고 있었고, 매우 훌륭한 뇌들도 주었습니다."라고 허수아비가 말했습니다.

"만약 오즈가 나에게 주었던 용기의 양만큼 먹었다면, 그는 용감한 사람이 되었을 겁니다." 사자가 덧붙였습니다.

도로시는 아무 말도 하지 않았습니다. 오즈는 그녀에게 했던 약속을 지키지는 못했지만, 그가 최선을 다했다는 것을 알았기에 그를 용서했습니다. 오즈가 말했듯이, 그는 형편없는 마법사일지라도 좋은 사람임에는 틀림이 없습니다.

첫날의 여정은 에메랄드 시를 둘러싼 푸른 들판과 밝은 꽃들 사이로 걸었습니다. 그들은 그날 밤 수많은 별들을 이불 삼아 풀밭에 누워서 잠을 청하였으며, 정말로 편안한 휴식을 취하였습니다.

아침에 일어나 그들은 여행을 계속하여 울창한 숲에 이르렀습니다. 그 숲은 좌우로 끝없이 펼쳐져 있어 우회할 방법이 없었습니다. 게다가 길을 잃을까 두려워 방향을 바꿀 생각을 감히 시도할 수도 없었습니다. 그래서 그들은 숲으로 들어가기에 가장 쉬운 곳을 찾고 있었습니다.

선두에 서서 가고 있던 허수아비는 드디어 넓게 퍼진 가지를 가진 큰 나무를 발견하였습니다. 그 가지 밑으로 일행이 지나갈 수 있을 것 같았습니다. 그래서 허수아비는 나무 앞으로 나아갔지만, 첫 번째 가지 아래에 다다르자 그 가지가 아래로 구부러져 그를 감쌌습니다. 다음 순간, 그는 땅에서 하늘로 붕 뜨는가 싶더니 도로시와 친구들 사이에 힘차게 던져졌습니다.

허수아비가 그리 상처를 입지는 않았지만, 그를 놀라게 하였고 도로시가 그를 일으켰을 때 그는 다소 어지러운 듯 보였습니다.

"여기 나무들 사이에 또 다른 공간이 있습니다."라고 사자가 말했습니다.

"제가 먼저 시도해 보겠습니다. 저는 던져져도 아프지 않으니까요."라고 허수아비가 말했습니다. 그는 말을 하면서 다른 나무에 다가갔지만, 그 나무의 가지들이 즉시 그를 잡아채어 다시 던져버렸습니다.

"이상하네요. 우리는 어찌해야 할까요?"라고 도로시가 외쳤습니다.

"나무들이 우리에게 싸우자고 하는 것 같군요, 우리의 여정을 멈추게 하기로 마음먹은 것 같습니다."라고 사자가 말했습니다.

"내가 해보도록 하겠습니다."라고 양철 나무꾼이 말하며 도끼를 어깨에 메고, 허수아비를 거칠게 다룬 첫 번째 나무쪽으로 걸어갔습니다. 큰 가지가 그를 붙잡기 위해 내려오자, 양철 나무꾼

은 그것을 강하게 도끼로 내려쳐서 두 동강 내었습니다. 그 즉시
나무는 아픈 듯 모든 가지를 흔들기 시작했고, 양철 나무꾼은 그
아래를 안전하게 지나갔습니다.

그가 다른 친구들에게 외쳤습니다. "빨리 와요! 빨리!" 그들은 모두 앞으로 달려 나가 나무 아래를 무사히 통과했으나, 토토는 작은 가지에 잡혀 흔들리다가 울부짖게 되었습니다. 그러나 양철 나무꾼은 즉시 그 가지를 잘라내어 토토를 자유롭게 해주었습니다.

숲의 다른 나무들은 그들을 막으려 하지 않았고, 오직 첫 번째 열의 나무들만이 가지를 숙일 수 있어서 그들을 막을 수 있었다는 결정을 내렸습니다. 아마도 이 나무들이 숲의 경찰이며, 외부인을 막기 위해 이 놀라운 힘이 그들에게 주어진 것이라고 생각했습니다.

도로시와 친구들은 나무 사이를 쉽게 걸으며 숲의 먼 가장자리에 도달했습니다. 그때, 그들에게 펼쳐진 것은 놀랍게도 눈처럼 하얀 도자기로 만들어진 높은 벽이었습니다. 그 벽은 접시의 표면처럼 매끄럽고, 그들의 키보다도 높았습니다.

"이제 우리가 뭘 해야 하죠?"라고 도로시가 물었습니다.

"나는 사다리를 만들겠습니다. 우리는 반드시 벽을 넘어야 하니까요."라고 양철 나무꾼이 말했습니다.

제20장

앙증맞은 도자기 나라

나무꾼이 숲에서 발견한 나무로 사다리를 만들고 있는 동안, 도로시는 오랜 동안 걸었기 때문에 피곤해서 누워 잠들었습니다. 사자도 몸을 둥글게 말고 잠이 들었고, 토토는 그 옆에 누워 있었습니다.

허수아비는 나무꾼이 일하는 모습을 지켜보며 말했습니다.

"여기에 왜 벽이 있는지, 그리고 무엇으로 만들어졌는지 생각해봐도 알 수가 없네요."

"벽에 대해 너무 걱정하지 말고, 머리를 좀 쉬게 해요. 우리가 벽을 넘어가면, 반대편에 무엇이 있는지 알게 될 겁니다." 나무꾼이 대답했습니다.

한참 후 사다리가 완성되었습니다. 보기에는 투박해 보였지만, 양철 나무꾼은 그것이 튼튼해서 벽을 넘어가는 데는 지장이 없을 것이라고 확신했습니다. 허수아비는 도로시와 사자, 그리고 토토를 깨워 사다리가 준비되었다고 알렸습니다. 허수아비가 먼저 사다리를 올라갔으나 올라가는 모습이 너무 위험스러워 보여서 도로시가 가까이 따라가 허수아비가 떨어지지 않도록 지켜주어야 했습니다. 벽 꼭대기에서 머리를 내민 허수아비는 "오, 세상에!"라고 말했습니다.

"계속 가세요."라고 도로시가 외쳤습니다.

그래서 허수아비는 더 높이 올라가 벽의 맨 위에 앉았고, 도로시가 머리를 내밀고 외쳤습니다, "오, 세상에!" 허수아비가 했던 것처럼 똑같이 말했습니다.

그러자 이어서 올라온 토토가 다가와 마구 짖기 시작했고, 도로시는 토토를 조용히 진정시켰습니다.

그 다음으로 사자가 사다리를 타고 올라왔고, 마지막으로는 양철 나무꾼이 올라왔습니다. 그들 모두는 벽 너머를 바라보는 순간, "오, 세상에!"라고 외쳤습니다. 모두 벽의 꼭대기에 올라온 후 그들이 벽 위에서 나란히 앉아서, 아래를 내려다보니 이상한 광경이 펼쳐졌습니다.

그들 앞에는 넓고 평평하며 반짝이고 하얀 바닥을 가진 넓은 광경이 펼쳐져 있었습니다. 그곳에는 온통 도자기로 만들어져 있었으며 아주 밝은 색으로 칠해진 많은 집들이 여기저기 흩어져 있었습니다. 이 집들은 꽤 작았으며, 가장 큰 집조차도 도로시의 허리까지 밖에 닿지 않았습니다. 또한 예쁜 작은 헛간이 있었고,

그 주위에는 도자기로 만들어진 울타리가 둘러져 있었습니다. 그리고 헛간 안에는 여러 마리의 소, 양, 말, 돼지, 닭들이 모두 도자기로 되어 있으며, 무리 지어 서 있었습니다.

그러나 이 이상한 나라에 살고 있는 사람들이 가장 더 이상했습니다. 그곳에는 밝은 색의 몸이 꽉 끼고 금색 반점이 가득한 드레스를 입은 젖을 짜는 여인들과 양치기 소녀들이 있었고, 은과 금, 보라색의 가장 화려한 드레스를 입은 공주들이 있었으며, 무릎 아래까지 오는 바지에 분홍색, 노란색, 파란색 줄무늬가 있는 복장을 하고 신발에 금색 버클을 단 양치기들이 있었고, 보석이 박힌 왕관을 쓰고 제비족의 털로 장식한 예복과 새틴 더블릿을 착용한 왕자들이 있었으며, 주름이 잡힌 드레스를 입고 볼에 둥근 빨간 점이 있는 우스꽝스러운 광대들이 있었습니다. 그중에서도 가장 기이한 점은 이 모든 사람들이 도자기로 만들어졌고, 심지어 그들의 옷도 도자기로 되어 있었다는 것입니다. 또한 그들 중 가장 키가 큰 사람도 도로시의 무릎 높이에 불과하다는 점입니다.

처음에는 도로시와 친구들을 쳐다보는 사람조차 없었으며, 오직 머리가 유난히 큰 보라색 도자기 개 한 마리만이 벽으로 다가와 작은 목소리로 짖다가 다시 도망쳤습니다.

"어떻게 내려가야 할까요?"라고 도로시가 물었습니다.

도로시와 친구들은 사다리가 너무 무거워서 그것을 끌어올릴 수 없을 것 같아서, 허수아비가 벽 아래로 떨어져 내려가고 다른 친구들은 허수아비의 위로 뛰어내려서 단단한 바닥에 그들의 발을 다치지 않도록 했습니다. 물론 그들은 허수아비의 머리 위에 떨어지지 않도록 주의했습니다. 허수아비 머리의 핀에 발이 찔리지 않도록 말입니다. 모두 안전하게 내려온 후, 친구들은 허수아비를 들어 올려, 평평해진 그의 몸을 원상태로 만들어주기 위해 다시 그의 볏짚을 토닥토닥 잘 다듬어 주었습니다.

"우리는 이 이상한 장소를 건너야만 남쪽으로 갈 수 있어요. 우리에게는 오직 남쪽으로 가는 것 외에 다른 방향으로 가는 것은 바람직하지 않아요."라고 도로시가 말했습니다.

그래서 도로시와 친구들은 도자기 사람들의 나라를 걷기 시작했고, 그들이 처음 마주한 것은 도자기 소로부터 우유를 짜는 여인과 그녀가 기르는 도자기 소였습니다. 그들이 가까이 다가가자, 소가 갑자기 발길질을 하여 의자와 양동이, 심지어 우유 짜는 여자 자신까지 넘어뜨렸고, 모두 도자기 바닥에 큰 소음과 함께 쓰러졌습니다.

도로시는 암소가 다리를 부러뜨렸고, 들통은 여러 조각으로 나뉘어 놓여 있으며, 불쌍한 젖을 짜는 여자는 왼쪽 팔꿈치에 상처가 입은 것을 보고 충격을 받았습니다.

"거기 보세요! 당신들이 한 짓을 보세요! 제 소가 다리를 다쳐서, 저는 소를 고치는 가게에 데려가서 다시 붙여야 한다고요. 왜 여기 와서 제 소를 겁주는 이유가 뭔가요?" 우유 짜는 여인이 화를 내며 외쳤습니다.

"매우 죄송합니다. 우리의 잘못을 용서해 주세요."라고 도로시가 답했습니다.

그러나 예쁜 젖을 짜는 여인은 너무 화가 나서 대답도 하지 않았습니다. 그녀는 우울한 표정으로 소의 다리를 집어 들고 소를 끌고 갔으며, 불쌍한 소는 세 개의 다리로 절뚝거리며 걸었습니다. 그녀가 도로시와 친구들을 떠나면서 자신의 움츠린 팔꿈치를 가슴에 붙이고 어설픈 낯선 이를 향해 많은 비난의 시선을 던졌습니다.

도로시는 이 불행한 일에 상당히 슬퍼했습니다.

"우리는 여기서 매우 조심해야 할 것 같아요. 그렇지 않으면 이 사랑스러운 작은 사람들에게 상처를 입혀 그들이 결코 회복되지 못할 수도 있을 것 같아요."라고 마음씨 고운 양철 나무꾼이 말했습니다.

조금 더 가다가 도로시는 가장 아름답게 차려입은 젊은 공주를 만났습니다. 그녀는 낯선 사람들을 보자마자 즉시 멈추었다가 바로 도망치기 시작했습니다.

도로시가 공주를 더 보고 싶어서 그녀를 열심히 쫓아갔습니다. 그러나 도자기 공주는 외쳤습니다.

"저를 쫓지 마세요! 저를 쫓지 마세요!"

그녀는 매우 두려운 작은 목소리로 말을 했기 때문에 도로시는 멈춰서 물었습니다. "왜 안 되나요?"

"그 이유는, 제가 뛰면 넘어져서 다칠 수 있잖아요." 공주가 대

답하며 안전한 거리에서 멈추고 말했습니다.

"하지만 고치면 되지 않나요?"라고 도로시가 물었습니다.

"아, 물론 그렇지요. 하지만 수선한 후에는 결코 예쁘지 않다고요." 공주가 대답했습니다.

"그런 것 같네요."라고 도로시가 말했습니다.

"지금 우리 광대 중 한 명인 조커 씨가 있어요. 그는 항상 거꾸로 물구나무 서는 걸 좋아해서 물구나무를 시도하려고 애쓰는데, 너무 자주 넘어져 다쳐서 백 군데나 수선을 하게 되었고, 결국은 전혀 아름답게 보이지 않아요. 이제 저기 그가 오니, 직접 보세요."라고 도자기 공주가 말했습니다.

실제로, 유쾌한 작은 광대가 그들 쪽으로 걸어오고 있었으며, 도로시는 그의 화려한 빨간색, 노란색, 그리고 녹색 옷에도 불구하고 온몸이 사방으로 나 있는 균열로 덮여 있다는 것을 분명히 볼 수 있었습니다. 이는 그가 여러 곳을 수선했음을 말해주고 있었습니다.

광대는 손을 주머니에 넣고, 볼을 부풀리고 건방지게 고개를 끄덕인 후, 다음과 같이 말했습니다.

"나의 아름다운 숙녀여,
어째서 당신은 가엾은 늙은
조커를 주목하십니까?
당신은 마치 뻣뻣한 척 그리고 단정한 척
하는 모습이
부지깽이라도 먹은 것 같네요!"

220

"조용히 좀 하십시오! 이분들이 낯선 분들인 게 보이지 않나요? 그들에 대한 예의를 갖추셔야죠."라고 공주가 말했습니다.

"음, 내가 생각하기에 이 정도면 충분히 존경을 표한 것 같은데요."라고 광대가 말하기 무섭게 바로 물구나무 서기를 했습니다.

"조커 씨를 너무 신경 쓰지 마세요. 그는 머리가 많이 이상해서, 매우 어리석게 행동한답니다."라고 공주가 도로시에게 말했습니다.

"아, 저는 그를 전혀 신경 쓰지 않습니다. 하지만 공주님 당신은 정말 아름다우십니다. 저는 당신을 사랑할 수밖에 없을 것 같아요. 그래서 하는 말인데요. 허락해 주신다면 공주님을 캔자스로 데려가서 엠 아줌마의 벽난로의 선반 위에 세워 놓고 싶어요. 같이 살지 않으실래요? 제가 공주님을 바구니에 담아 갈 수 있거든요."라고 도로시가 말했습니다.

"그건 저를 매우 불행하게 만드는 거예요. 보시다시피, 우리나라에서는 만족스럽게 살고 있으며, 원하는 대로 이야기하고 움직일 수 있습니다. 하지만 우리 중 누군가가 다른 나라로 끌려가면 즉시 관절이 뻣뻣해져서, 인형처럼 곧게 서서 예쁘게 보이기만 할 수 있답니다. 물론, 그렇게 보기 위해서 우리를 벽장이나 캐비닛, 거실 테이블 위에 올려놓는 거겠지만요, 우리나라에서의 삶이 훨씬 더 즐겁답니다."라고 도자기 공주가 대답했습니다.

"공주님을 불행하게 만들고 싶지는 않네요! 그래서 그냥 작별 인사를 드려야겠습니다."라고 도로시가 말했습니다.

"안녕히 가세요."라고 공주가 대답했습니다.

그들은 도자기 나라를 조심스럽게 걸었습니다. 작은 동물들과 모든 사람들은 낯선 이들이 자신들을 깨뜨릴까 두려워서 그들이 지나갈 수 있도록 길을 피해줬습니다. 그리고 한 시간 정도 걸은 후 이 나라의 반대편에 도착하여 또 다른 도자기 벽에 이르게 되었습니다.

그러나 이 벽은 첫 번째 벽만큼 높지 않아서, 사자의 등 위에 올라서서 그들은 모두 쉽게 벽의 정상에 오를 수 있었습니다. 그리고 사자는 자신의 다리를 조금 움츠렸다가 벽 위로 점프했습니다.

그러나 그가 점프하는 순간에 그의 꼬리가 도자기 교회를 쳐서, 교회가 넘어져 산산이 부서졌습니다.

도로시가 말하길, "정말 안타까운 일이었네요. 그러나 솔직히 말하면, 우리는 이 작은 사람들에게 소의 다리와 교회 하나를 부수는 것 이상의 해를 끼치지 않은 점에 있어서는 운이 좋았던 것 같아요. 그들은 모두 너무 부서지기 쉬운 존재입니다!"

"그러네요. 그렇지만 나는 지푸라기로 만들어져 있어 쉽게 손

상될 수 없음을 감사히 생각합니다. 세상에는 허수아비가 되는
것보다도 더 나쁜 일들도 있군요."라고 허수아비가 말했습니다.

제21장

동물의 왕이 된 사자

도로시와 친구들이 도자기 성에서 내려온 후, 그들은 괴롭고 습한 지역에 도달하였습니다. 그 지역은 수렁과 늪으로 가득 차 있었고, 키가 크고 울창한 풀이 덮여 있었습니다. 진흙 구덩이에 빠지지 않고 걷는 것이 어려웠으며, 풀이 너무 덥고 두꺼워서 구덩이가 시야에서 가려져 있었습니다. 그럼에도 불구하고, 조심스럽게 길을 선택하여 안전하게 나아가던 도로시와 친구들은 단단한 땅에 도착할 수 있었습니다. 그러나 그곳의 풍경은 그들이 경험한 그 어떤 것보다 더욱 황량해 보였으며, 긴 시간동안 덤불 속을 힘겹게 걷고 나서 그들은 더 크고 더 오래된 나무들이 있는 또 다른 숲에 들어섰습니다.

"이 숲은 완벽하게 즐겁습니다. 이보다 더 아름다운 장소는 본 적이 없습니다." 사자가 기쁨을 느끼며 주위를 둘러보며 말했습니다.

"어둡고 음침해 보이는군요."라고 허수아비가 말했습니다.

"전혀 그렇지 않아요. 나는 평생 이곳에 살고 싶군요. 발아래에 있는 말라버린 잎들은 얼마나 부드러운지, 이 오래된 나무들에 붙어 있는 이끼는 얼마나 풍부하고 푸른지 봐요. 분명히 어떤 야생 동물들도 이보다 더 쾌적한 곳을 원할 수 없을 겁니다."라고 사자가 대답했습니다.

"아마 지금 숲에는 야생 동물이 있지 않겠어요?"라고 도로시가 말했습니다.

"그럴 거라고 생각은 들지만, 주변에는 아무것도 보이지 않네요." 사자가 대답했습니다.

도로시와 친구들은 더 이상 나아갈 수 없을 정도로 어두워질 때까지 숲을 걸었습니다. 도로시와 토토 그리고 사자는 잠을 청했으며, 나무꾼과 허수아비는 평소와 같이 그들을 지켜보고 있었습니다.

아침이 되자, 그들은 다시 걷기 시작했습니다. 멀리 가지도 않았을 때, 많은 야생 동물들이 으르렁거리는 듯한 낮은 포효를 들었습니다. 토토는 조금 낑낑거렸지만, 다른 친구들은 두려워하지 않았고, 그들은 잘 다져진 길을 따라가다 숲의 드러나 있는 곳에 도착했습니다. 그곳에는 각종 동물이 수백 마리가 모여 있었습니다. 호랑이와 코끼리, 곰, 늑대, 여우 등 자연사에 나오는 모든 동물이 있었습니다. 잠시 동안 도로시는 두려웠습니다. 그러나 사자는 동물들이 회의를 하고 있다고 설명했고, 그들의 으르렁거림과 포효를 통해 그들이 큰 문제에 처해 있다고 판단했습니다.

사자가 말을 하자 여러 동물들이 그를 알아보았고, 마치 마법처럼 대군집이 즉시 조용해졌습니다. 가장 큰 호랑이가 사자에게 다가와 경의를 표하며 말했습니다.

"환영합니다. 동물의 왕이여! 당신은 우리의 적과 싸우고 다시 한 번 숲의 모든 동물들에게 평화를 가져오기 위한 적절한 시기에 오셨습니다."

"무슨 문제가 있는가?"라고 사자가 조용히 물었습니다.

"우리는 최근 이 숲에 나타난 무서운 적에 의해 위협받고 있습니다. 그것은 거대한 거미와 같은 엄청난 괴물로, 몸은 코끼리만큼 크고 다리는 나무의 줄기만큼 깁니다. 이 긴 다리가 여덟 개나 있으며, 괴물이 숲을 기어 다닐 때 다리로 동물을 붙잡아 입으로 끌고 가서 거미가 파리를 잡아먹듯이 먹습니다. 이 사나운 생물이 살아 있는 한 우리 중 그 누구도 안전하지 못하며, 우리 스스로를 지키기 위해 어떻게 해야 할 것인지 회의를 하던 중, 당신이 우리 가운데 오게 되었던 것입니다."라고 호랑이는 대답했습니다.

사자는 잠시 생각했습니다.

"이 숲에 다른 사자가 있는가?" 사자가 물었습니다.

"아니요. 약간 있었지만, 괴물이 모두 먹어치웠습니다. 게다가, 그들 중 누구도 당신처럼 그렇게 크고 용감하지 않았습니다."

"내가 너희들의 적을 처치한다면, 너희들은 나를 이 숲의 왕으로 존경하고 복종할 것인가?"사자가 물었습니다.

"기꺼이 그렇게 하겠습니다."라고 호랑이가 대답하자, 다른 모든 짐승들도 힘찬 포효로 외쳤습니다. "우리도 하겠습니다!"

"그 커다란 거미같은 괴물은 지금 어디에 있는가?"라고 사자가 물었습니다.

"저기, 참나무들 사이에 있습니다."라고 호랑이가 앞발로 가리키며 말했습니다.

"나의 친구들을 잘 돌봐 주어라. 그럼 나는 즉시 괴물과 싸우러 가겠다." 사자가 말했습니다.

사자는 친구들에게 작별 인사를 하고 적과 싸움을 하기 위해 자랑스럽게 떠났습니다.

사자가 거대한 거미같은 괴물을 발견했을 때, 그 괴물은 잠들어 있었고, 너무 추해 보여 사자는 혐오감을 느끼며 코를 찡그렸습니다. 거미의 다리는 호랑이가 말했다시피 매우 길었고, 몸은 거칠고 검은 털로 덮여 있었습니다. 30여 센티미터 길이의 날카로운 이가 줄지어 있는 커다란 입을 가지고 있었으나, 머리는 통통한 몸과 여왕벌의 허리만큼 가는 목으로 연결되어 있었습니다. 이것이 사자가 그 괴물을 공격하는 가장 좋은 방법에 대한 힌트가 되었습니다. 그는 적이 잠든 상태에서 싸우는 것이 깨워져 있는 상태보다 더 쉽다는 것을 알고 있었습니다. 그래서 그는 힘차게 뛰어올라 괴물의 등에 정확히 내려앉았습니다. 그런 다음, 날카로운 발톱으로 무장한 무거운 발로 괴물의 머리를 몸에

서 날려 버렸습니다. 사자는 뛰어내리
며 그 괴물의 긴 다리가 움직임이 없을
때까지 바라보았고, 이윽고 그는 괴물
이 완전히 죽었다고 확신하였습니다.

　　사자는 숲 속의 동물들이 그를 기다리
고 있는 입구로 돌아가 자랑스럽게 말했습
니다.

　　"이제 더 이상 적을 두려워할 필요가
없다."

　그리하여 동물들은 사자를 그들의 왕으로 받들었고, 사자는
도로시가 캔자스로 안전하게 떠난 후 곧바로 돌아와 그들을 다스
리겠다고 약속하였습니다.

제22장

쿼들링 나라

도로시와 친구들은 숲의 나머지 부분을 안전하게 통과하고, 그 짙은 어둠 속에서 빠져 나왔을 때 그들 앞에는 크고 작은 바위로 덮인 가파른 언덕이 보였습니다.

"오르막의 경사를 보니 꾀나 올라가기가 만만치 않겠어요. 그렇지만 우리는 그 언덕을 넘어야만 해요."라고 허수아비가 말했습니다.

허수아비는 길을 인도하였고 다른 친구들은 그를 따랐습니다. 그들이 첫 번째 바위에 거의 도착했을 때, 거친 목소리가 외치는 소리를 들었습니다. "뒤로 돌아가시오!"

"누구십니까?"라고 허수아비가 물었습니다.

그때 바위 위로 머리 하나가 삐쭉 올라오더니, 같은 목소리가 말했습니다. "이 언덕은 우리의 것이오, 아무에게도 이 언덕을 넘는 것을 허락하지 않겠소."

"그렇지만 우리는 꼭 건어가야만 합니다. 우리는 쿼들링 나라로 가려고 하거든요."라고 허수아비가 말했습니다.

"하지만 그럴 수 없소!"라고 목소리가 대답하며, 바위 뒤에서 도로시와 친구들이 이전에 본 적이 없는 가장 괴상한 남자가 나왔습니다.

그는 키가 작고 다소 뚱뚱하며, 머리는 커서 위쪽이 평평하고 주름으로 가득한 두꺼운 목으로 지탱되고 있었습니다. 그러나 그는 팔이 전혀 없었습니다. 이를 본 허수아비는 이렇게 별로 힘이 없어 보이는 생물이 그들이 언덕을 오르는 것을 방해할 수 없을 것으로 생각하여 별로 두려워하지 않았습니다. 그래서 허수아비는 "원하시는 대로 해드리지 못해 죄송하지만, 우리는 당신의 언덕을 넘지 않을 수 없습니다. 당신이 원하든 원하지 않던 말입니다."라고 말하며 당당하게 앞으로 나아갔습니다.

번개처럼 빠르게 남자의 머리가 앞으로 쭉 뻗어 나오고 목이 납작했던 정수리까지 길게 늘어나더니 납작했던 정수리가 허수아비의 중앙을 강타하여 허수아비는 언덕 아래로 굴러 떨어졌습니다. 거의 순식간에 머리가 몸으로 돌아갔고, 남자는 거칠게 웃으며 말했습니다. "당신이 생각했던 것처럼 쉽진 않을걸!"

다른 바위들에서 힘찬 웃음소리가 울려 퍼졌고, 도로시는 언덕 위에 있는 수백 개의 팔 없는 망치머리들이 각각의 바위 뒤에 하나씩 있는 것을 보았습니다.

　사자는 허수아비의 불행으로 발생한 웃음에 매우 화가 나서,
천둥처럼 울려 퍼지는 큰 포효를 하며 언덕을 단번에 올라갔습
니다.

다시 머리가 한 발의 총알처럼 신속하게 발사되었고, 그 위대한 사자는 대포알에 맞은 것처럼 언덕 아래로 굴러 떨어졌습니다.

도로시는 뛰어 내려가서 허수아비를 일으켜 세워 주었고, 사자는 도로시에게 다가오며 다소 상처를 입고 고통을 느끼며 말했습니다. "총알을 쏘는 머리를 가진 사람들과 싸우는 것은 무의미합니다. 아무도 그들과 맞설 수 없습니다."

"그렇다면 우리가 할 수 있는 게 무엇인가요?" 도로시가 물었습니다.

"날개 달린 원숭이들을 부르십시오. 아직 그들에게 다시 명령할 수 있은 권리가 한번 더 남아 있어요."라고 양철 나무꾼이 제안했습니다.

"잘 알겠어요." 도로시는 대답하며 황금 모자를 쓰고 마법의 주문을 외웠습니다. 그러자 원숭이들은 언제나처럼 즉시 반응하였고, 잠시 후 전체 일행이 그녀 앞에 서 있었습니다.

"무슨 명령을 내리시겠습니까?"라고 우두머리 원숭이가 정중하게 절을 하며 물었습니다.

"우리를 언덕 너머 쿼들링 나라로 데려다 주세요."라고 도로시가 대답했습니다.

"할 수 있습니다."라고 우두머리 원숭이가 말하자, 날개 달린 원숭이들이 도로시와 친구들 그리고 토토를 팔에 안고 즉시 날아갔습니다. 도로시와 친구들이 언덕 위를 지나갈 때, 망치머리들은 분노에 차 소리를 질렀고, 머리를 하늘 높이 쳐들었지만, 날개 달린 원숭이에 닿을 수 없었습니다. 날개 달린 원숭이들은 도로시와 친구들을 안전하게 언덕 너머로 날아가 아름다운 쿼들링 나라에 내려놓았습니다.

"이번이 우리를 부를 수 있는 마지막 기회였습니다."라고 우두머리 원숭이가 도로시에게 말했습니다. "그러니 안녕히 가십시오. 행운이 함께하길 빌겠습니다."

"안녕히 가세요, 그리고 정말 감사합니다."라고 도로시가 대답했습니다. 그러자 원숭이들은 공중으로 떠올라 순식간에 시야에서 사라졌습니다.

쿼들링 나라는 부유하고 행복해 보였습니다. 들판에는 여러 종류의 곡식밭이 펼쳐져 있었으며, 그 사이로 잘 포장된 길이 있었으며, 아름답게 흐르는 시냇물과 그 위에 놓인 튼튼한 다리들이 있었습니다. 울타리와 집, 다리 모두가 밝은 빨간색으로 칠해져 있었습니다. 이는 윙키 나라에서 노란색으로, 먼치킨 나라에서 파란색으로 칠해진 것과 같은 단일 색상이었습니다. 쿼들링들은 짧고 통통하며 둥글둥글하고 착한 인상이며, 녹색 풀과 노랗게 익어가는 곡식 사이에서 뚜렷하게 보이는 빨간색 옷을 입고 있었습니다.

날개 달린 원숭이들은 도로시와 친구들을 농가 근처에 내려놓았고, 도로시와 친구들은 농가를 향해 걸어가 문을 두드렸습니다. 농부의 아내가 문을 열어주었고, 도로시가 뭔가 먹을 것을 부탁하자 그 여인은 그들에게 세 가지 종류의 케이크와 네 가지 종류의 쿠키, 그리고 토토를 위한 한 그릇의 우유가 포함된 푸짐한 저녁식사를 제공했습니다.

"여기서 글린다 성까지는 얼마나 먼가요?" 도로시가 물었습니다.

"그리 멀지는 않습니다. 남쪽 길로 죽 가시면 곧 도착할 것입니다." 농부의 아내가 대답했습니다.

착한 농부의 아내에게 감사를 표하며, 그들은 새로 다시 길을 걷기 시작했고 곡물 밭들을 지나고 아름다운 다리를 건너니 매우 아름다운 성 앞에 서게 되었습니다. 성문 앞에는 화려한 금으로 장식된 수술이 장식된 멋진 빨간 제복을 입은 세 명의 젊은 소녀 병사가 있었고, 도로시가 다가가자 그중 한 명이 그녀에게 말했습니다.

"남쪽 나라에는 왜 오셨습니까?"

"여기를 지배하는 착한 마녀를 만나기 위해서 왔습니다. 저를 그녀에게 데려다 주실 수 있나요?" 도로시가 대답했습니다.

"이름을 말씀해 주시면, 제가 글린다에게 받아주실지 어쩔지를 물어보도록 하겠습니다." 도로시와 친구들은 소녀 병사에게 자신들의 신원을 밝혔고, 소녀 병사는 성 안으로 들어갔습니다. 잠시 후, 그녀는 돌아와서 도로시와 친구들을 바로 들어갈 수 있다고 전했습니다.

제23장

도로시의 소원을 들어준
착한 마녀, 글린다

그러나 글린다를 만나기 전에, 그들은 성의 한 방으로 안내되었고, 그곳에서 도로시는 얼굴을 씻고 머리를 빗었으며, 사자는 갈기에서 먼지를 털어내고, 허수아비는 자신을 최상의 모습으로 다듬었으며, 양철 나무꾼은 자신의 양철을 닦고 관절에 기름을 발랐습니다.

그들이 모두 남 앞에 보여질만하게 꽤 잘 차려입자, 그들은 병사 소녀를 따라 루비로 된 왕좌에 앉아 있는 마녀 글린다의 큰 방으로 들어갔습니다.

글린다는 그들의 눈에 매우 아름답고 젊은 얼굴이었습니다. 그녀의 머리는 풍부한 빨간색이며 어깨를 따라 흐르는 곱슬머리가 흘러내렸습니다. 그녀의 드레스는 순백이었지만 그녀의 눈은 파란색이었습니다. 글린다는 도로시를 다정하게 바라보았습니다.

"아가야, 뭣 때문에 날 찾아왔니?" 마녀 글린다가 물었습니다.

도로시는 마녀에게 자신의 지난 모든 이야기를 들려주었습니다. 회오리바람이 그녀를 오즈의 나라로 어떻게 데려왔는지, 친구들을 어떻게 만났는지, 그리고 그들이 겪었던 놀라운 모험에 대해.

"지금 나의 가장 큰 소원은 캔자스로 돌아가는 것이에요. 안 그러면 엠 아줌마는 분명 저에게 끔찍한 일이 일어났다고 생각할 것이고, 그럼 그녀는 슬픔에 잠겨 장례 준비를 하게 될 거예요. 그런데 올해의 농작물 수확이 작년보다 나아지지 않는다면, 헨리 아저씨는 감당할 수 없을 것이 분명하거든요." 도로시가 덧붙였습니다.

글린다가 앞으로 몸을 기울여 사랑스러운 도로시에게 달콤한 위로를 주며 얼굴에 입맞춤을 하였습니다.

"너의 소중한 마음에 축복이 있기를. 너를 캔자스로 돌려보내는 방법을 알려주도록 할게요." 글린다가 말했습니다. 그리고 그녀는 덧붙였습니다. "하지만, 내가 그렇게 하려면, 네가 갖고 있는 황금 모자를 내게 주어야 해요."

"기꺼이 드리죠! 사실, 지금 저에게는 아무 쓸모가 없어요. 마녀님이 그것을 가지게 되면 날개 달린 원숭이들을 세 번 부릴 수 있어요."라고 도로시가 외쳤습니다.

"나는 그들의 도움이 딱 세 번만 있으면 된다고 생각합니다."라고 글린다가 미소 지으며 대답했습니다.

도로시는 그녀에게 황금 모자를 주었고, 마녀는 허수아비에게 말했습니다. "도로시가 우리를 떠나면 너는 뭘 할 거니?"

"에메랄드 시로 돌아가겠습니다. 오즈가 저를 백성들의 주인으로 삼았고, 사람들도 저를 좋아합니다. 저를 걱정하게 만드는 유일한 것은 망치머리 언덕을 어떻게 건널 것인가 하는 것입니다." 허수아비가 대답했습니다.

"나는 황금 모자를 통해 날개 달린 원숭이들을 지휘하여 너를 에메랄드 시의 문까지 옮겨주도록 명령할거야. 그것은 훌륭한 주인을 사람들에게서 빼앗는 것은 부끄러운 일이기 때문이야."라고 글린다가 말했습니다.

"제가 정말 훌륭한가요?"라고 허수아비가 물었습니다.

"음, 너는 특별하지." 글린다가 대답했습니다.

양철 나무꾼을 바라보며 글린다가 물었습니다. "도로시가 이 나라를 떠나면 너는 뭘 할 거니?"

양철 나무꾼은 도끼에 기대어 잠시 생각에 잠겼습니다. 그러더니 그는 말했습니다. "윙키들은 저에게 매우 친절했고, 나쁜 마녀가 죽은 후 제가 그들을 다스리기를 원했습니다. 저는 윙키들을 좋아하며, 만약 제가 다시 서쪽 나라로 돌아가게 된다면, 영원히 그들을 다스리는 것보다 더 바랄 것이 없을 것 같습니다."

"그렇다면 내가 날개 달린 원숭이들에게 내리는 두 번째 명령은, 너를 안전하게 윙키들의 땅으로 데려다주는 것으로 해야겠군. 너의 뇌는 허수아비의 뇌보다는 크게 보이지 않겠지만, 사실

너는 허수아비보다 더 똑똑하단다. - 정돈이 잘 되어 있기만 하다면 - 네가 윙키들을 현명하고 올바르게 잘 다스릴 것이라고 믿는다." 글린다가 말했습니다.

마녀는 큰 털북숭이 사자를 바라보며 물었습니다. "도로시가 자신의 고향으로 돌아가면, 너는 뭘 할 거니?"

"망치머리 언덕 너머에는 웅장한 고목 숲이 있습니다. 그곳에 사는 모든 동물들이 나를 그들의 왕으로 삼았습니다. 만약 내가 그 숲으로 돌아갈 수만 있다면, 나는 그곳에서 매우 행복하게 내 삶을 보낼 것 같습니다."

"내가 날개 달린 원숭이들에게 내릴 세 번째 명령은, 너를 너의 숲으로 데려가는 것이구나. 그후에는 황금 모자의 힘을 다 써 버렸으니, 나는 그것을 우두머리 원숭이에게 줄 것이니, 날개 달린 원숭이들은 이제 영원히 자유로울 수 있을 거야." 글린다가 말했습니다.

허수아비와 양철 나무꾼, 사자는 이제 착한 마녀에게 그녀의 친절에 대해 진심으로 감사를 드렸습니다. 도로시는 크게 외쳤습니다.

"글린다 마녀님은 확실히 아름다움만큼이나 훌륭하시군요! 그렇지만 아직 제가 캔자스로 돌아가는 방법을 말씀해 주시지 않았어요."

"너의 은빛 신발이 사막을 넘어갈 수 있도록 도와줄 것이란다. 그 신발의 힘을 알았다면 너는 이 나라에 처음 도착한 날에도 이

미 엠 아줌마에게 돌아갈 수 있었단다."라고 글린다가 대답했습니다.

"그렇다면 나는 훌륭한 뇌를 가질 수 없었을 겁니다!" 나는 농부의 옥수수 밭에서 내 한평생을 보냈을지도 모르죠."라고 허수아비가 외쳤습니다.

"저는 아름다운 심장을 가질 수 없었을 겁니다. 나는 세계가 끝장날 때까지 숲 속에서 그대로 서서 녹슬어 서있을지도 모르죠."라고 양철 나무꾼이 말했습니다.

"나는 영원히 겁쟁이로 살아야 했을 겁니다. 숲속의 어떤 짐승도 나에게 좋은 말을 하지 않았을 겁니다." 사자가 분명히 말했습

니다.

"이 모든 것은 사실입니다. 저는 이 훌륭한 친구들에게 도움이
되어 기쁩니다. 하지만 이제 그들 각자가 가장 원하는 것을 얻었

고, 각자가 다스릴 나라도 있어 행복한 지금이
야 말로, 저는 캔자스로 돌아가고 싶습니다."라
고 도로시가 말했습니다.

"은빛 신발은 놀라운 힘을 지니고 있어요.
가장 신기한 점 중 하나는 세 걸음만으로도 세계
의 어떤 곳으로든 데려다 줄 수 있다는 거야. 각각의 걸
음은 눈 깜짝할 사이에 이루어져요. 너는 신발의 뒤꿈치
를 세 번 부딪치고, 원하는 장소로 이동해 줄 것을 명령하기만 하
면 된단다."라고 착한 마녀가 말했습니다.

"그렇다면, 나는 은빛 신발에게 나를 즉시 캔자스로 데려다 달
라고 부탁할 거예요." 도로시가 기쁜 듯이 말했습니다.

도로시는 사자의 목에 팔을 감고 입을 맞추며 그의 큰 머리를
부드럽게 쓰다듬었습니다. 그런 다음, 관절에 가장 해로운 울음을
울고 있는 양철 나무꾼에게 입을 맞추었습니다. 그러나 도로시는
그려진 얼굴에 입을 맞추는 대신, 팔에 부드럽고 속이 꽉 찬 허수

아비의 몸을 꼭 안았습니다. 그리고 사랑하는 동료들과의 슬픈 이별에 그녀 자신도 눈물을 흘리고 있었습니다.

착한 마녀 글린다가 자신의 루비 왕좌에서 내려와 도로시에게 작별 입맞춤을 하였고, 도로시는 그녀의 친구들과 자신에게 보여 준 모든 친절에 대해 감사의 뜻을 전하였습니다.

도리시는 이제 진지하게 토토를 품에 안고 마지막 작별 인사를 한 뒤, 신발 뒤꿈치를 세 번 부딪치며 말했습니다.

"나를 엠 아줌마의 집으로 데려다 줘!"

****

순간 도로시는 공중에서 회전하기 시작했으며, 너무 빠르게 이동하여 그녀가 볼 수 있거나 느낄 수 있는 것은 바람이 귀를 스치는 소리뿐이었습니다.

은빛 신발은 단지 세 발짝 걸었고, 갑자기 멈춰서 자신이 어디에 있는지 알기 전에 여러 번 풀밭 위로 데굴데굴 굴러다녔습니다.

마침내, 그녀는 일어나 앉아 주위를 둘러보았습니다.

"오, 놀라워라!" 도로시가 외쳤습니다.

도로시는 넓은 캔자스 초원에 앉아 있었고, 그녀의 바로 앞에는 회오리바람으로 낡은 집이 날아간 후 헨리 아저씨가 지은 새 농장이 있었습니다. 헨리 아저씨는 마구간에서 소 젖을 짜고 있었고, 토토는 그녀의 팔에서 뛰어내려 마구간을 향해 맹렬히 짖으며 달려가고 있었습니다.

도로시는 일어나서는 자신이 스타킹만 신은 상태임을 알았습니다. 은빛 신발은 공중으로 날아가는 동안 떨어져 버렸고, 사막에서 영원히 잃어버렸습니다.

제24장

다시 집으로

엠 아줌마는 양배추에 물을 주기 위해 집에서 막 나왔을 때, 고개를 들어 도로시가 자신에게 달려오는 것을 보았습니다.

"내 사랑하는 아이야!" 그녀가 외치며, 도로시를 품에 안고 그녀의 얼굴에 입맞춤을 했습니다. "세상에나 어디에 있다가 지금 왔니?"

"오즈의 나라에서 왔어요. 그리고 여기 토토도 있어요. 아, 엠 아줌마! 다시 집에 오게 되어 매우 기뻐요!"라고 도로시는 진지하게 말했습니다.

작가 연보

1856년 5월 15일 미국 뉴욕 주에 위치한 매디슨 카운티의 마을인 시터넁고에서 태어났다.

1898년 작가로서 입문하여 『캔들라브라의 시선으로』를 발표했다.

1899년 W. W. 덴슬로우와 함께 작업한 『파더 구즈: 그의 책』 동시집 출간으로 출판계에 큰 반향을 일으켰다.

1899년 처음으로 쓴 『아빠 거위 Father Goose』가 상업적으로 성공을 거두었다.

1900년 평범한 시골 소녀의 독특한 모험담을 담은 『오즈의 마법사』를 출간하면서 잊히지 않을 작가 중의 한 사람이 되었다.

1901년 『오즈의 마법사』가 시카고에서 뮤지컬로 제작되었다.

1904년 『환상의 나라 오즈(The Marvelous Land of Oz)』 출간

1907년 『오즈의 오즈마 공주(Ozma of Oz)』 출간

1908년 『도로시와 오즈의 마법사(Dorothy and the Wizard in Oz)』 출간

1909년 『오즈로 가는 길(The Road to Oz)』 출간

1910년 『오즈의 에메랄드 시(The Emerald City of Oz)』 출간

1913년 『오즈의 누더기 소녀(The Patchwork Girl of Oz)』 출간

　　　 『오즈의 작은 마법사 이야기(Little Wizard Stories of Oz)』 출간

1914년 『오즈의 틱톡(Tik-Tok of Oz)』 출간

1915년 『오즈의 허수아비(The Scarecrow of Oz)』 출간

1916년 『오즈의 링키팅크(Rinkitink in Oz)』 출간

1917년 『오즈의 사라진 공주(The Lost Princess of Oz)』 출간

1918년 『오즈의 양철 나무꾼(The Tin Woodman of Oz)』 출간

1919년 『오즈의 마법(The Magic of Oz)』 출간

　　　 5월 6일 뇌혈관 질환으로 사망

1920년 『오즈의 글린다(Glinda of Oz)』 출간

1939년 『오즈의 마법사』가 영화로 제작되었다.

오즈의 마법사

초판 1쇄 인쇄 2025년 4월 24일
초판 1쇄 발행 2025년 4월 30일

지은이 라이먼 프랭크 바움
옮긴이 김진형
펴낸이 이효원
편집인 김성규
마케팅 추미경
디자인 기린
펴낸곳 올리버
출판등록 제395-2022-000125호
주소 경기도 고양시 덕양구 삼송로 222, 101동 305호(삼송동, 현대헤리엇)
전화 070-8279-7311　　　　　**팩스** 02-6008-0834
전자우편 tcbook@naver.com

ISBN 979-11-94381-35-8 04080
　　　979-11-89550-89-9 (세트)

* 값은 뒤표지에 있습니다.
* 잘못된 책은 구입하신 서점에서 바꾸어 드립니다.

* 도서출판 올리버는 탐나는책의 교양서 브랜드입니다.

* 본문이미지 : William Wallace Denslow 〈The Wonderful Wizard of Oz Book〉

올리버 세계교양전집 목록